LOS UPANISHADS

Plutón
Ediciones

COLECCIÓN
Centinela

LOS UPANISHADS

© Plutón Ediciones X, s. l., 2025

Traducción: Emilio Pérez

Diseño de cubierta y maquetación: Saul Rojas Blonval

Edita: Plutón Ediciones X, s. l.,

          E-mail: contacto@plutonediciones.com
          http://www.plutonediciones.com

I.S.B.N: 979-13-87692-46-9
Depósito Legal: B-10304-2025

Impreso en España / Printed in Spain

Estudio Preliminar

Simplemente siéntate y escucha,
y deja que el conocimiento
llegue hasta ti.
Mahavira

"Siéntate con respeto y escucha al maestro, aprende, después analiza y pon en práctica lo aprendido para descubrir su bondad", nos dice el título de esta antigua y magnífica obra, *Upanishads*, tan antigua que no se sabe exactamente cuándo fueron redactados entre 150 y 200 textos, y si unos señalan su compilación en el año 200 antes de la era común, otros insisten en que fue en el 800 anterior a nuestra era cuando se llevó a cabo esta tarea, aunque no se sabe realmente cuándo y cómo fueron realizados antes de conformar un solo libro escrito en sánscrito, la madre de las lenguas indoeuropeas, tanto como los textos *Upanishads* son la "ciencia del conocimiento".

Upanishad: siéntate con respeto y escucha al maestro

VEDAS O UPANISHADS

Según los investigadores —la mayoría de ellos occidentales—, hay dos periodos de la India clásica, cada uno de ellos con sus textos y su desarrollo lingüístico, artístico y científico, el Vedanta y el Upanishad.

El Vedanta habría empezado cerca de 6000 años antes de nuestra era; y el Upanishad empezaría tan solo unos 1200 años antes de nuestra era.

El Vedanta sería el más antiguo, y el Upanishad el más reciente, siempre desde el punto de vista occidental, que no siempre encuentra eco en las creencias y en los estudios de los investigadore indios. El más famoso de estos, el expresidente de la India, Sarvepali Radhakrisnan (1888-1975), basándose en el desarrollo ideológico de lo que fue la India histórica, no dio más de mil años antes de nuestra era para que surgieran los textos y los fenómenos culturales conocidos como Vedanta y Upanishad, bastante menos que otras prospecciones, y coincidiendo con Max Müller (1823-1900), lo que quita un poco de interés mitológico a las obras de ambos periodos, y las sitúa en un momento en el que la India dominaba la metalúrgica y gozaba de expansión cultural en el resto del mundo, con el jainismo de Mahavira y las enseñanzas de Buda en el terreno de las religiones y la espiritualidad.

En el año 1000 antes de nuestra era occidental, la India dominaba mares y tierras, minas y campos, y mantenía contacto comercial prácticamente con todo el mundo conocido, China por un lado y Europa por el otro, pero, sobre todo, con persas y demás pueblos del Medio Oriente.

Upanishads, ciencia del conocimiento

Tanto sus conocimientos científicos, como sus mitos y sus leyendas traspasaron fronteras, revolucionando las matemáticas tanto como la astrología, y dando un toque especial de espiritualidad al resto de culturas.

En sus mitos hablaban de muchos milenios anteriores

como base de sus conocimientos, desde vimanas (naves voladoras) y guerras celestiales en la cultura Vedanta, a la forja del acero inoxidable y la utilización de productos químicos, como el mercurio, como combustibles o generadores de energía, y hasta la levitación o efecto antigravedad —que parecía una locura, y que hoy en día es perfectamente posible— en la cultura upanishad, la cual, obviamente, tiene mucho de hinduismo y creencias védicas.

En la India también tenían, antes que Demóstenes, una clara visión sobre la composición atómica de la materia, y unos conocimientos médicos muy superiores a los de Galeno e Hipócrates.

En Occidente no supieron del número cero y su implementación matemática hasta miles de años después, y hoy en día apenas están descubriendo la realidad de la antigravedad.

Vimanas, ciencia o fantasía

Las medidas astronómicas de los científicos indios quizá no eran muy exactas, pero las medidas astronómicas occidentales de nuestro tiempo siguen siendo arbitrarias, o supuestas, aunque en distancias "cortas" o no interestelares, parecen más sólidas.

La verdad es que nuestra ciencia tecnológica y avanzada es tan especulativa como lo fue la ciencia de la India, si bien es cierto que ambas tienen la misma hambre de saber, y el saber es parte fundamental de los upanishads.

El problema con los conocimientos, es que en la India han quedado bajo la sombra de la mítica histórica, y en Occidente, que a veces ha intentado recuperarlos, es que están bajo la sombra de la academia y los intereses de poder y de riqueza.

Es decir, no se ha seguido la máxima de los Upanishads ni en Oriente ni en Occidente: "siéntate con respeto y escucha", lo que es una verdadera pena, porque, además, el conocimiento, cierto o arbitrario, se ha convertido en una especie de competencia, como si de un espectáculo deportivo se tratara, con lo que en lugar de sabiduría, como lo proponen los textos del *Upanishad*, hay espectáculo, premios espurios y una rivalidad innecesaria que no conduce a nada, salvo a la vanidad y presunción de superioridad de unos contra otros.

Competir y medrar los unos sobre los otros, hacer la guerra para robar y mostrar superioridad en lugar de sentarse y reflexionar, estirar el cuerpo y respirar con consciencia, aprender lo realmente valioso de la vida y la existencia, y pasar por este mundo plenos de armonía y felicidad.

EN VERSO O EN PROSA

Una de las discusiones más curiosas se dio cuando algunos expertos aseguraban que los *Upanishads* estaban escritos en prosa, mientras otros afirmaban que estaban escritos en verso.

En esa época, finales del siglo XIX, la poesía, rimada y medida, en versos contados o en libre ejecución lírica, asonante o con frases profundas y poéticas, estaba considerada la máxima expresión de la literatura de todos los tiempos, por bella, carismática, mágica y hasta divina y capaz de transformar el mundo y la materia, abriendo las capas más profundas del espíritu, la mente, el alma y el corazón, por lo que estar escrito en prosa el texto de los *Upanishads*, rebajaba en cierta medida su verdad, su elevación y la calidad de sus enseñanzas.

El acuerdo final fue que una parte estaba escrita en prosa, los seis más antiguos; la otra estaba escrita en verso, los cinco más recientes; y de prosa poética, y casi espiritual o religiosa, la tercera y parte final de los *Upanishads*.

Si bien es cierto que *Upanishads*, como libro único y compilado, no aparece hasta los siglos III o IV antes de nuestra era, sus textos pueden ser de lo más antiguo, ya que algunos de ellos —los que hablan del yoga como la unión ejercitada del cuerpo con el espíritu—, bien podrían perderse en las nieblas de los tiempos, y seguirles el rastro es sumamente difícil.

¿CUÁNTOS SOMOS?

Otra de las discusiones se refiere a cuántos textos antiguos conforman el libro de los *Upanishads*, pues dependiendo de la fuente hay 108 tradicionales (según la "cábala hindú"), o 150 para unos y 180 para otros, y hasta 200 editados y publicados, que hablan de Yoga y de la superación personal para alcanzar el estado elevado del espíritu a partir de la inevitable materia, pues de ella estamos constituidos, y a la que también hay que sortear, pero sin despreciarla: llegar a la esencia brahmánica por vía del prana, el aliento divino, y controlando los apetitos del cuerpo humano que habitamos.

Los siglos, las interpretaciones, los añadidos, los perdidos, los olvidados, los mal traducidos, los de tendencia hinduista y védica, y los de tendencia india y upanishad, hacen difícil saber el número exacto y hasta la redacción final de los que sí aparecen como parte del libro.

Los textos sagrados de Occidente han pasado por el mismo rasero, y no es exactamente lo mismo el Talmud, con la Tanaj, la Biblia Católica, la Biblia Etíope, la Biblia Ortodoxa, la Biblia Protestante, la Biblia Cristiana (cada secta tiene la suya) o la Biblia Mormona o el Corán, por lo que no se puede esperar, por desgracia, que *Upanishads* guarde una unidad textual e histórica, aunque hay ediciones, como la presente, que intentan ser lo más ajustadas y serias para beneplácito de sus lectores.

Se supone que, con la llegada del Upanishad, se acababa el Vedanta, o muchas de las creencias del hinduismo, con sus guerras, jerarquías, castas, dioses, cuentos, leyendas, mitos y avatares, como más tarde propondrán el jainismo de Mahavira y el budismo de Siddhartha Gautama, aunque, la verdad sea dicha, el Vedanta y sus dioses, con sus guerras eternas, sus karmas y sus miles de dioses, sigue vigente en la India.

En la India, como en buena parte del mundo, hay mucho respeto por los textos sagrados de los *Upanishads* y sus valiosas enseñanzas, tanto de Yoga como de metafísica o espiritualismo, pero el hinduismo como religión básica y tradicional, o lo Vedanta, nunca se ha dejado de lado.

Lo que propone el upanishad, dicen los sabios, monjes y santones de la India, es un paso largo que todavía no acaba de darse, pero que, como todo paso, acabará dándose.

LOS AUTORES DE UPANISHADS

Los autores de los textos originales que conforman el libro de los *Upanishads*, a menudo también son puestos en duda, y entre los muchos posibles autores —sobre todo para la tradición mitológica hindú—, destacan los siguientes:

-Viasa, aparece como el autor mítico y único de los *Upanishads*, así como de otros textos védicos, el *Rig-Veda*, por ejemplo, en el siglo VI antes de nuestra era.

-Iagñavalkia, junto con su esposa Maitréyi, se suponen los creadores poéticos de buena parte del final de los *Upanishads*.

-Pipalada, el mítico poeta de la guerra, también está dentro de los posibles creadores de los *Upanishads*, o, al menos, de algunos de sus textos.

-Sanat Kumara, Sanandana, Sanatana y Sanaka, los Cuatro Gemelos y avatares directos o manifestaciones mentales y divinas de Brahma, también forman parte de los posibles autores.

Los Cuatro Gemelos, nacidos de la mente de Brahma

El problema con todos ellos es que son personajes mitológicos, y aunque sí hubo un Viasa físico en el siglo VIII antes de nuestra era implicado en los textos védicos, no pudo vivir físicamente durante varios siglos, incluido el siglo XV de nuestra era, aunque sí sus avatares y reencarnaciones lúcidas, defienden los que le apoyan como el único y verdadero autor de los *Upanishads* con el mismo fervor que otros apuntan a los Cuatro Gemelos nacidos de la mente de Brahma, verdaderos creadores de los ritos, ejercicios de yoga y versos espirituales, e incluso prosa, que componen el grueso de los *Upanishads*.

Sanaka, Sanatana, Sanandana y Sanat Kumara eran santos y puros, sabios y un dechado de dones y bondades, célibes y frugales, unos bebés según algunas de las representaciones icónicas del hinduismo, y, por lo tanto, capaces de escribir el texto espiritual más elevado de la historia, además de ser avatares de Brahma y sus continuadores en este plano y planeta, a decir de sus creyentes defensores, dejando la participación de cualquier otro autor fuera de la composición de los *Upanishads*.

Como cualquier otro texto sagrado, esto implicaría la participación del mismo Brahma en la creación de los textos que componen el libro, inspirando con su aliento y su palabra divina a los Cuatro Gemelos, una tesis que los estudiosos e investigadores racionales se niegan siquiera a considerar, aunque siguen sin saber quién o quiénes escribieron los *Upanishads*.

Para la tradición hay 13 upanishads creadores o personajes de sus textos: Katha, Kena, Isa, Mundaka, Prasna, Taittiriya, Chhandogya, Brihadaranyaka, Mandukya, Aitareya, Kaushitaki, Svetasvatara y Maitrayani (o Maitréyi), sin importarle lo que piensen los estudiosos y los analistas al respecto.

Seguramente, los verdaderos autores nunca gozaron de fama y reconocimiento en su tiempo, y tampoco lo hacen ahora, por lo que sus posibles descendientes no pueden luchar por cobrar o heredar derechos de autor de una obra que viene editándose y publicándose desde hace dos mil quinientos años por lo menos, por lo que la importancia política y religiosa de los *Upanishads*, recae en "el fin de la época védica".

EL FIN DE LOS VEDANTAS

Entre los siglos VIII y IV anteriores a nuestra era, en la India milenaria se dieron ciertos cambios sociales y religiosos, donde fueron destronados los dioses más antiguos y tradicionales del Valle de Harappa, nuestra India de hoy en día.

No fue de un momento para otro, ningún cambio social lo es, pero sí el declive de:

-Indra, el dios del trueno, del fuego, del cielo visible, de la tormenta, de la tierra y de la guerra.

-Varuna, el dios de la justicia, la moral, el agua, el mar, la naturaleza y la verdad.

-Mitra, el dios del Sol y de las estrellas, del cielo invisible y de la oscuridad de la tierra.

Tras las Guerras Celestiales, estos dioses fueron sustituidos por:

-Brahma, el dios de dioses y razón primera y última de la existencia, que suple a Indra tras vencerlo.

-Vishnú, el dios del tiempo y de todos los cielos, el conservador de la existencia dentro de su sueño eterno, que suple a Varuna, al que destierra.

-Shiva, el dios de la destrucción y de la creación en los ciclos eternos de la vida, la muerte y la existencia, que suple a Mitra.

Ganaron unos y perdieron otros según se relata en los textos de los *Upanishads*, naciendo el hinduismo que conocemos hoy en día, y "muriendo" la etapa védica, aunque no del todo, porque los tres dioses defenestrados pasan a ser dioses menores, sin los poderes de antaño,

13

pero vivos y con muchos seguidores, con un Indra todavía milagroso y potente, un Varuna que trabaja en la sombra, y un Mitra del todo terrestre.

Antes de ser el dios de dioses, Brahma ya era un deva poderoso en los textos védicos.

EL HINDUISMO UPANISHAD, ¿UNA RELIGIÓN PARA LOS POBRES?

Sí, al menos en un principio, como los textos de los *Upanishads*, dirigidos a todos, los campesinos, los artesanos, los comerciantes, los sirvientes, la gente del pueblo en general, porque todos y cada uno tenían la oportunidad de ascender y crecer espiritualmente, no solo los santones y los sacerdotes, los poderosos y los monarcas, los guerreros y los altos funcionarios.

Ejercitando el cuerpo y el alma a través del yoga, la frugalidad y el control de los apetitos humanos, cualquiera podía elevarse espiritualmente, todos podían aspirar al aliento existencial y salvador de Brahma, el nuevo dios de dioses y creador de todas las cosas terrestres y cósmicas.

Quien siguiera los textos upanishad podía ser tan casto y puro a los ojos de Brahma, y alcanzar su protección, sin importar su origen, su poder o sus posesiones materiales. La puerta estaba abierta para todos los que se sentaran y escucharan con respeto a los maestros, que eran tan humanos como ellos y no seres divinos ni superiores.

Esta revolución upanishad duró poco, quizá dos o tres siglos, porque los dioses, Brahma, Vishnú y Shiva, pronto mostraron la naturaleza del hombre, es decir, volvieron la mirada a la guerra, los méritos y las jerarquías, con una Rueda de las Reencarnaciones que impedía que cualquiera pudiera elevarse hasta las habitaciones reservadas a los dioses.

Las castas se hicieron más férreas que antes, tanto política como religiosamente, y la puerta se cerró para la mayoría.

Mahavira, el fundador del jainismo no estaba nada contento y menos dispuesto a acatar este orden de cosas, y, en su movimiento religioso, los dioses quedaron proscritos, tanto los védicos como los brahmánicos, porque sometían a la humanidad en lugar de elevarla, enriqueciendo a los sacerdotes y los monarcas, y empobreciendo al pueblo.

El jainismo sigue activo hoy en día, y, si bien cree en la igualdad de los hombres y de las mujeres, —siguiendo el ejemplo de los upanishad que le dan juego a Maitréyi, así como reconocimiento y respeto por su sabiduría—, y en el cultivo de la mente y el alma para alcanzar la espiritualidad, siempre dependiendo de uno mismo y no de la consideración electiva de los dioses; no ha podido escapar de la idolatría y de la adoración, ya no a los dioses, sino a sus grandes maestros, los que vuelve a privilegiar solo a algunos de sus miembros, y no a todos, contradiciendo la fe y los deseos del propio Mahavira.

El budismo, muy cercano en el tiempo y el espacio con el jainismo —tanto que algunos creen que Mahavira y Buda eran el mismo—, también denosta a los dioses y a las divinidades, a todas ellas, y promete un Nirvana para todos y cada uno de los seres humanos, aunque no escapa del karma y las leyes de la reencarnación.

Tras los discursos de Benarés, y tras su propia muerte, la adoración de sus seguidores lo convierten a él mismo en unas especie de dios, una divinidad capaz de reencarnarse eternamente en los sacerdotes, monjes y lamas que acabaron conformando su religión, algo que Buda no deseaba para nada, y que, incluso, pidió a sus colaboradores más cercanos que no hicieran de su movimiento y de sus pensamientos una religión.

Los upanishad, Mahavira, Buda y el mismo hinduismo fueron revolucionarios en su tiempo, desde el siglo VIII hasta el siglo II antes de nuestra era, y aunque siguen vivos como ideología y pensamiento místico, incluso practicados y con millones de seguidores, no han podido cambiar del todo la naturaleza humana ni la pirámide socioeconómica en que nos movemos todos los días, donde la mayoría son pobres con la puerta cerrada a las cuestiones importantes de la mente, el cuerpo y el alma, y solo unos pocos se creen con la posibilidad de ascender espiritualmente, por mucho que Buda dijera que "si no nos salvamos todos, nadie logrará el espíritu, ni siquiera yo, por eso estoy aquí, esperando ver pasar la última espalda que entre en el Nirvana para seguirla y cerrar el ciclo".

¿Qué se nos enseña en los Upanishads?

Por ejemplo, "come bien, porque los alimentos nutren al alma y al cuerpo, pero procura ingerir productos sanos, puros y sin excesos".

Quien sacia sanamente su cuerpo, eleva sabiamente su alma.

No le pide a nadie que sea vegetariano, o vegano, como más tarde sí lo hará el jainismo, y tampoco recomendará la frugalidad extrema, como hizo el budismo con la leyenda de que el Bodhi Dharma tenía suficiente con ingerir solo un grano de arroz para toda la jornada.

El ayuno solo es preceptivo antes de ciertas prácticas de Yoga o de meditación, o puntualmente cuando se debe curar o limpiar el organismo.

Otro de los puntos esenciales es la enseñanza o transmisión de conocimientos de Yoga, donde el cuerpo sano y bien entrenado en esta disciplina, tiene mejores cualidades para la meditación y el aprendizaje de otras disciplinas.

La palabra Yoga, que quiere decir "unidad", nos indica que es el ejercicio o actividad física y corporal capaz de elevarnos espiritualmente y unirnos a lo divino.

El Yoga fortalece el cuerpo y libera al alma.

Muchas de las escuelas de Yoga de hoy en día siguen, incluso a veces sin saberlo, las indicaciones de los *Upanishads*.

Los ejercicios de Mantra Yoga, Laya Yoga, Hatha Yoga y Raja Yoga, vienen claramente descritos en sus páginas, tanto y de tal manera, que han dado pie a la escritura de muchos libros al respecto.

Tener consciencia de la respiración es elemental en la práctica del Yoga, por lo que se puede decir que los *Upanishads* nos enseñan incluso a respirar.

Conocer los tonos armónicos que nos conectan con lo humano, lo natural y lo divino. Los mantras vienen descritos en sus páginas para que realicemos mejor los ejercicios físicos y que estos tengan un sentido más trascendente y espiritual.

"No es que el Yoga te mantenga más joven, es que te mantiene tal y como debieras de estar a cualquier edad".

El Yoga, la unión de lo divino y lo material

Hacer ejercicio es necesario y elemental para el equilibrio físico, anímico y mental, y en el caso del Yoga es, además, un elemento de unión espiritual que puede procurar de una manera directa y consciente, la experiencia de lo sobrenatural, de los estados de consciencia más elevados y de las sensaciones y emociones que no sentimos si nos quedamos solo en el plano material o físico de los ejercicios.

Upanishad no desprecia materia, y el cuerpo humano es materia pura en gran medida, con sus vicios y virtudes propios de su naturaleza animal que no se pueden negar, pero sí superar cuando son nocivos, y potenciar cuando son positivos.

LO HUMANO CON LO DIVINO

Una de las grandes innovaciones de los *Upanishads* para el mundo antiguo —y no solo de la India, pues sus enseñanzas llegaron tanto a Europa como a China y a Medio Oriente—, es la concepción de la divinidad y su relación con la humanidad.

"La humanidad está conectada directamente con la divinidad y puede llegar a identificarse con ella a través del hilo que une este mundo con el otro mundo y con todas las cosas del universo."

Brahma no es un ente o un dios al uso, sino un concepto.

Brahma no manda ni dirige.

Brahma no premia ni castiga.

Brahma no decide ni impone.

Brahma es aliento divino creador y dador de vida y existencia, no un ser determinado.

Por tanto, Brahma, es tanto el Absoluto como el canal que conduce a la elevación divina.

El ser humano es un ente físico y falible en su forma corpórea y material, pero también es parte de Brahma en su forma anímica y espiritual.

Todo nace de la divinidad y a la divinidad vuelve.

El cuerpo sigue el ciclo de las cosas materiales, pero el ser pervive.

La muerte no existe, es solo un estado de consciencia, como lo es la vida.

Nada nace de la nada.

Todo nace del todo, del Absoluto, del Eterno Continuo, de la Luz que nunca se apaga ni siquiera en la noche más fría y vacía.

No hay dioses ni devas poderosos que le salven la vida o el espíritu a nadie, porque todo pertenece al Absoluto y nada del Absoluto necesita absolución, salvación o redención.

Una buena vida es mejor, más sana y más feliz que una mala vida, pero eso no impide la elevación de unos y de otros, porque, al fin y al cabo, son jivas o reflejos del Absoluto.

El final es el mismo para todos, pero el camino puede ser más o menos tortuoso, doloroso, incluso triste y aburrido para unos y no para otros, y si bien el dolor puede ser redentor, la verdad es que no hay necesidad alguna de sufrirlo.

Nadie muere de verdad, muere el cuerpo y buena parte del ego identitario, pero el espiritu es eterno como el Absoluto mismo, y siempre sigue vivo. La diferencia real es el nivel de consciencia, por lo que cada cual experimenta los ciclos de permanencia y trascendencia como puede y como sabe, pero no por premio ni por castigo.

El Absoluto lo es todo, y cada persona es parte del Absoluto, por lo que también lo es todo. Nada nace de la nada, ni siquiera la nada misma, que al ser nombrada y conceptualizada, ya es algo y no es nada.

El Absoluto no tiene forma ni aspecto, ni nombre ni sombra, porque es todo, de tal manera que el todo y la nada lo representan, por eso a menudo está más allá de toda concepción e idea humana, aunque se le percibe de alguna manera como la luz eterna que está al final de todas las batallas.

No hay dioses personales ni territoriales, ni devas que necesiten de tu limosna o tu fe, ni de tus pulsiones idólatras, y ni los engañas ni te engañan, ni te hacen milagros a cambio de efigies y de templos, ni te favorecen ni dejan de hacerlo, simple y llanamente porque no existen y son producto de tu ignorancia, tu maldad, tu vulnerabilidad y tus sueños de grandeza, por tanto darles fe o creencia es absurdo y grosero, pusilánime y detestable. Ni siquiera el Absoluto depende de tu fe o de tu comportamiento, porque es todo luz, todo amor, todo comprensión y todo eterno, de la misma manera que lo eres tú, seas quién seas, hagas lo que hagas, vengas de donde vengas y mueras y vivas como puedas o quieras.

El Absoluto es para todos, porque todos forman parte del Absoluto.

El bienestar es para absolutamente todos y todo, lo mismo que las mieles del cielo.

Date cuenta de que eres el mismo Brahma, no solamente un brahman.

Deja de atarte al Samsara, no te hacen falta mil reencarnaciones para darte cuenta de que eres trascendente, eterno y divino.

Destierra de una vez por todas a la ignorancia y abre la puerta a la consciencia del conocimiento, estudia, crece, desarrolla, experimenta y aprende. No temas aprender la verdad, porque aprender la verdad no duele, lo que duele es vivir eternamente en la ignorancia.

Respeta la vida física y aprenderás lo que es la vida espiritual, mas no desprecies a nada ni a nadie, porque todos y cada uno están en su camino y en su nivel de consciencia.

En suma, que tienes en tus manos un gran libro que desde hace dos o tres mil años está revolucionando y superando los esquemas a los que ha estado atada la humanidad por mucho más tiempo del que podemos imaginar, te lo dicen los *Upanishads*, solo hace falta que te sientes y leas con atención y respeto.

JAY TATSAY

LOS UPANISHADS

KATHA UPANISHAD

PRIMER ADHYAYA

PRIMER VALLI

1. Vagasravasa, deseoso de recompensas celestiales, dio en sacrificio todo cuanto poseía. Tenía un hijo cuyo nombre era Nakiketas.

2. Mientras los presentes eran entregados, la fe entró en el corazón de Nakiketas, que era aún un muchacho, y pensó:

3. "Malditos, seguramente, son los mundos a donde va un hombre que ofrece en sacrificio vacas que han bebido agua, comido heno, dado su leche y son estériles."

4. Aquel, conociendo que su padre había prometido entregar todas sus posesiones, y, por tanto, también a su hijo, dijo a su padre: "Estimado padre, ¿a quién vas a entregarme?" Lo dijo por segunda y tercera vez. Entonces el padre replicó enojado:

"Te entregaré a la Muerte."

(El padre, por haber dicho aquello, aunque fruto de su precipitación, tuvo que ser fiel a su palabra y sacrificar a su hijo.)

5. El hijo contestó: "Voy a la muerte como cabeza de muchos que todavía tienen que morir y con muchos que ahora están muriendo.

¿Cuál será la obra de Yama (el soberano de los fallecidos) que hoy ha de hacer conmigo?

6. "Miro al pasado y veo lo que sucedió a los que vinieron; miro al futuro y observo lo que ocurrirá a los que han de venir. El hombre mortal madura como el maíz y, como el maíz, brota de nuevo."

(Nakiketas entra en la morada de Yama, donde no hay nadie para recibirle. Uno de los sirvientes de Yama le increpa así:)

7. "El fuego penetra en las casas cuando un brahmín entra como invitado. Tal fuego solamente puede aplacarse con una ofrenda de paz. Trae agua, pues, ¡oh, Vaivasrata!

8. "Un brahmín que mora en la casa de un hombre necio sin recibir nada para comer, destruye todas las esperanzas y deseos del amo de la casa, todas sus posesiones, su honestidad, sus sagradas y buenas acciones y todos sus hijos y ganado."

(Yama, regresando a su casa tras tres días de ausencia, durante los cuales Nakiketas no había recibido hospitalidad de él, se dirige a Nakiketas:)

9. "Oh, brahmín, puesto que tú, venerable huésped, has permanecido en mi casa tres días sin comer, escoge como compensación tres deseos."

10. Nakiketas contestó: "Oh, Muerte, como el primero de mis deseos, escojo que Gautama, mi padre, permanezca calmo, bondadoso y no se enfade conmigo; de esta forma podrá conocerme y saludarme cuando tú me liberes".

11. Yama repuso: "Por mi favor, Andalaki Aruni, tu padre, te aceptará y se comportará contigo como antes. Dormirá tranquilamente por la noche y la cólera no se apoderará de él cuando vea que has sido liberado de las fauces de la muerte.

12. Nakiketas añadió: "En el mundo celestial no hay miedo alguno, pues tú no moras allí, oh, Muerte. En ese reino nadie ha de llegar a la vejez. Allí no hay hambre, ni sed, ni dolor. Todo es gozo en ese mundo.

13. "Tú conoces, oh, Muerte, el sacrificio del fuego que nos lleva al cielo; revélamelo, pues mi corazón rebosa de

fe. Aquellos que viven en el reino celestial alcanzan la inmortalidad; este es, pues, mi segundo deseo."

14. Yama replicó: "Cuando conozcas el sacrificio del fuego que conduce al cielo, comprende, oh, Nakiketas, que con él se alcanzan los mundos infinitos, ocultados en el corazón del hombre".

15. Yama, entonces, le enseñó a realizar el sacrificio del fuego, que es el inicio de todos los mundos. Le enseñó también qué ladrillos se necesitan para el altar y cuántos y cómo deben ser colocados. Nakiketas repitió todo tal como se le había enseñado.

Entonces Mrityu[1], complacido con él, le dijo:

16. "Te concedo otro deseo: El fuego del sacrificio, que se te ha revelado, tomará tu mismo nombre.

17. "Aquel, pues, que realiza este rito, Nakiketas[2] y encontrando la unión con los tres, cumple los tres deberes, se halla más allá del nacimiento y la muerte.

Quien aprende y entiende este fuego, que nos da a conocer todo lo que ha nacido de Brahma, todo lo venerable y divino, obtiene la paz eterna.

18. "El que conoce los tres fuegos —Nakiketas y, conociendo los tres, prepara el sacrificio— Nakiketas, rompe las cadenas de la muerte y se regocija en el mundo que se encuentra más allá del dolor.

19. "Este, oh Nakiketas —exclamó la Muerte— es tu fuego que lleva al cielo y que tú has elegido como segundo deseo. Escoge ahora, pues, tu tercer deseo."

20. Nakiketas dijo: "Hay una duda que surge en mí cuando fallece un hombre. Algunos afirman que su alma también lo hace y otros dicen lo contrario. Esto me gustaría saber; si tú me lo muestras, este es mi tercer deseo".

21. La Muerte respondió: "En este punto incluso los dioses han dudado. No es un tema fácil de entender. Te pido que elijas otro deseo, oh, Nakiketas, no me obligues a responderte".

22. Mas Nakiketas replicó: "Ciertamente en este punto

---

1   Apelativo de Yama, dios de la muerte.
2   Se refiere al sacrificio del fuego, cuyo nombre es Nakiketa, según el párrafo anterior.

incluso los dioses han dudado. Con toda seguridad, pues, no hay otro deseo mejor que este".

23. La Muerte repuso: "Escoge hijos y nietos que vivan cien años, ganado, elefantes, oro y caballos. Elije como morada la tierra entera y vive tantas cosechas como quieras.

24. Si puedes pensar en algún deseo parecido, escoge riqueza y larga vida. Sé el rey de toda la tierra. Te concedo el goce de todos los deseos.

25. Pide cualquier deseo, por difícil que sea de lograr entre los mortales, pídelo según tu deseo: bellas doncellas con carros e instrumentos musicales… Tales deseos, ciertamente, no son alcanzados por los hombres, únicamente por aquellos a quienes yo permito conseguirlos. Pide lo que te plazca, pero no preguntes acerca de la muerte."

26. Nakiketas, sin embargo, respondió: "Estas cosas son efímeras, solo duran hasta mañana, oh, Muerte, puesto que su fuerza nace de los sentidos. Incluso la vida más larga es breve. Quédate, pues, con tus caballos y tus danzas y contesta a mi deseo.

27. Ningún hombre es feliz por la riqueza. ¿Acaso poseeremos riquezas cuando te debamos ver?

¿Acaso viviremos cuando tú reines sobre nosotros? Solo este deseo quiero alcanzar.

28. ¿Qué mortal, tras conocer la liberación de la vejez gozada por los inmortales, apreciará vivir una larga vida en esta tierra, donde no existen los verdaderos placeres que nacen de la belleza y el amor?

29. Oh, Muerte, dinos qué hay en la otra Vida. Nakiketas no elije otro deseo sino aquel que es la llave del mundo de las tinieblas."

SEGUNDO VALLI

1. La Muerte replicó: "El bien es una cosa, el placer otra; estas dos, teniendo fines distintos, encadenan al hombre. El hombre debe mantenerse en el bien, pues el que elige el placer, malogra su destino.

2. El bien y el placer se aproximan al hombre, pero solo el sabio puede verlos y diferenciarlos. Este prefiere el bien y desecha el placer, pero el necio escoge el placer y la avaricia y desecha la virtud.

3. Tú, oh, Nakiketas, después de considerar todos los placeres que son o parecen ser agradables, los has despreciado uno a uno. Tú no te has adentrado en el camino que lleva a la riqueza, donde muchos son los que perecen.

4. Muy separados y guiando a lugares muy distintos se encuentran la ignorancia y lo que se conoce como sabiduría. Creo que tú, Nakiketas, deseas el verdadero Conocimiento, pues muchos deseos no lograron desviarte de tu propósito.

5. Los necios habitan en la oscuridad. Sabios en su propia presunción, caminan en círculos, se tambalean de aquí para allá, como ciegos guiados por ciegos.

6. La otra vida nunca aparece frente a los ojos del chiquillo distraído, engañado por la ilusión de la riqueza. 'Esto es el mundo', piensa, 'no hay otro mundo más que este'. No se da cuenta de que caerá así una y otra vez bajo mi dominio.

7. Aquello que muchos ni siquiera pueden oír, que muchos, cuando lo escuchan, no lo comprenden, admirable es el hombre —si hay alguno—, que puede darlo a conocer, y admirable el que lo entiende cuando un verdadero maestro se lo muestra.

8. Cuando esa verdad se da a conocer por un hombre inferior no se comprende fácilmente. A menos que sea revelada por un ser perfecto, no hay manera de acceder a ella, pues es inconcebiblemente más pequeña que lo pequeño.

9. Esa doctrina no se puede obtener por discusión; mas, cuando proviene de la boca de un ser perfecto, entonces es sencillo comprenderla. Tú la has obtenido, pues eres, ciertamente, un hombre de verdadera determinación. ¡Haya siempre buscadores como tú!"

10. Nakiketas asintió: "Sé que los tesoros terrenales son pasajeros, pues lo eterno no puede ser logrado con cosas que no son eternas; mas, yo, a través de lo transi-

torio he obtenido lo que está más allá de toda transitoriedad".

11. Yama respondió: "Aunque has visto las delicias de todos los deseos, la fundación del mundo, las infinitas recompensas de las buenas acciones, la ribera donde no hay miedo alguno, loada en todas las alabanzas, y la gran morada, has sido sabio y, con firme determinación, lo has desechado todo.

12. El sabio que, mediante la meditación en su Ser, reconoce a Dios en el Antiguo, aquel a quien muy pocos ven, que se encuentra en la más profunda oscuridad y mora en lo oculto, ese sabio, verdaderamente, está más allá del gozo y el dolor.

13. El mortal que, oyendo esto, lo alberga en su corazón y lo separa de todas las cualidades, alcanzando de este modo el Ser sutil, se llena de gozo, pues ha encontrado la causa de todo regocijo. La morada está abierta para ti, oh, Nakiketas."

14. Nakiketas repuso: "Quiero que me digas lo que tú ves como ni esto ni aquello, ni efecto ni causa, ni pasado ni futuro".

15. Yama respondió: "La Palabra de la que hablan todos los Vedas, buscada en ayunos y austeridades por muchos hombres, te será revelada.

16. Esa Palabra inmortal significa lo más alto; el que conoce este Santo Verbo obtiene todo lo que desea.

17. Esta es nuestra tabla de salvación, lo supremo de lo supremo. Quien conoce esta Santa Palabra es engrandecido en el mundo de Brahma.

18. El Inteligente no nace ni muere. No brotó de nada ni nada brotó de él. El Antiguo es innato, eterno, imperecedero. No muere, aunque el cuerpo sea corrompido.

19. Si el que mata cree que es él quien mata, y si el que muere cree que es él quien muere, ninguno comprende; pues ni uno mata, ni el otro muere a manos de nadie.

20. El Ser, más pequeño que lo pequeño, más grande que lo grande, se esconde en el corazón de la criatura. El hombre que está libre de los deseos y el dolor puede ver la majestad del Ser por la gracia del Creador.

21. Aunque quieto, camina hasta lo lejos; aunque tumbado en el suelo, llega a todas partes. ¿Quién, excepto yo, puede conocer a ese Dios que se regocija sin regocijarse?

22. El sabio que conoce al Ser Incorpóreo en el interior de los cuerpos, inmutable en medio de las cosas que cambian, grande y omnipotente, jamás sufre.

23. Ese Ser no puede ser alcanzado leyendo los Vedas, ni tampoco ser entendido o aprendido. Solo aquel a quien el Ser perfecto elige puede alcanzar su grandeza, pues el Ser ha escogido el cuerpo de ese hombre como el suyo propio.

24. Pero quien no aparte la maldad de sí, ni permanezca tranquilo y sumiso, jamás alcanzará el Ser, ni siquiera a través el Conocimiento.

25. ¿Quién, entonces, conoce dónde está Él, en quien todo desaparece y en quien incluso la muerte es absorbida?"

TERCER VALLI

1. Existen dos Brâhmas, el superior y el inferior, que logran su recompensa en el mundo de sus propias acciones; ambos habitan en la cueva del corazón y moran en la cumbre más alta. Aquellos que conocen a Brahma los llaman la sombra y la luz, así como los padres de familia que llevan a cabo el sacrificio Trinakiketa.

2. Así pues, dominemos a la perfección este rito, Naki-ketas, que es el puente para los que ofrecen sacrificios y la barca para llegar a la orilla del imperecedero Brahma.

3. Conoce el Ser que se sienta en el carro: su cuerpo es el carro, el intelecto el auriga y la mente las riendas.

4. Los sentidos son los caballos y los objetos de los sentidos los caminos que aquellos toman. Cuando aquel (el Ser Supremo) está en perfecta sintonía con el cuerpo, los sentidos y la mente, los sabios lo denominan la dicha Suprema.

5. El que no entiende y cuya mente nunca sujeta firmemente las riendas del caballo, no podrá dominar los

sentidos nunca, igual que los caballos de un auriga no pueden ser dominados por un cochero inexperto.

6. Pero el que comprende y mantiene la mente firme, logra dominar sus sentidos como los caballos dóciles de un auriga.

7. El que no entiende, debido a su negligencia e impureza, jamás llega a ese lugar, y se pierde en la rueda de nacimientos.

8. Pero el que sí lo hace, aquel que es cuidadoso y siempre puro, alcanza en verdad ese espacio donde no se vuelve a nacer.

9 El que comprende a su auriga y sostiene las riendas de la mente llega al fin de su viaje, que es el lugar más alto de Vishnú.

10. Más allá de los sentidos están los objetos, más allá de los objetos está la mente, más allá de la mente está el intelecto y más allá del intelecto está el Gran Ser.

11. Más allá del Grande está el Oculto, más allá del Oculto está la Persona. Más allá de la Persona no hay nada: esta es la meta del Camino Supremo.

12. Ese Ser se mantiene oculto en todos los seres, sin enseñar su brillo, mas es visto por los buscadores sutiles por medio de su afilado y sutil intelecto.

13. El sabio debe controlar la voz de la mente; debe mantenerla en el interior del Ser, que es el Conocimiento; debe, de igual modo, mantener el Conocimiento en el interior del Ser, que es grandeza y debe mantener a esta en el interior del Ser, que es Serenidad.

14. ¡Levántate y despierta! Ahora que has conseguido tus deseos. ¡Entiéndelos! Tan complicado como pasar por el afilado filo de una navaja, así de duro —dice el sabio— es este camino (hacia el Ser).

15. El que ha captado aquello que no tiene sonido, tacto, forma, decadencia, y gusto, que es eterno y no tiene olor, principio ni fin, que está más allá de lo Supremo y es inmutable. Este está libre de las garras de la muerte.

16. El sabio que ha repetido u oído la antigua historia de Nakiketas explicada por la Muerte es ensalzado en el mundo de Brahma.

17. Y aquel que repite este Supremo misterio en una reunión de brahamines, o cuyo corazón rebosa de devoción en el momento del sacrificio Sraddha logra también recompensas infinitas.

SEGUNDO ADHYAYA

CUARTO VALLI

1. La Muerte prosiguió: "El Auto-existente atravesó las aberturas de los sentidos para que pudieran ir hacia afuera; por tanto, el hombre mira hacia afuera, no hacia adentro, a su propio ser. Algunos sabios, no obstante, cerrando los ojos y anhelando la inmortalidad, fueron capaces de ver al Ser oculto.

2. Los chiquillos corren hacia los placeres externos y caen en la trampa que la muerte les prepara. Únicamente los sabios, sabiendo la naturaleza de lo que es inmortal, no buscan nada estable entre todo lo inestable.

3. Aquello a través de lo que conocemos las formas, el gusto, el olor, los sonidos y el tacto de todo lo hermoso, de igual forma nos deja conocer lo que existe en nuestro interior. Esto es lo que tú me has preguntado.

4. El sabio que sabe que lo que le deja percibir todos los objetos en el sueño o en la vigilia es el grande y omnipresente Ser, deja de sufrir.

5. El que reconoce al Ser como el alma viviente, como el Señor del pasado y del futuro, deja de sufrir. Así es.

6. El que le conoce, conoce a aquel que nació del calor ardiente y habita en el corazón. Así es.

7. El que le conoce, también conoce a Aditi, que está unido a todas las deidades y nace del Prana (aliento), que habita en el corazón y nació de los elementos. Así es.

8. El que le conoce, conoce también a Agni (el fuego), que todo lo ve, escondido entre los dos palos de la hoguera, bien resguardado como un niño en el vientre de la madre para ser adorado día a día por los hombres cuando despiertan y hacen sus ofrendas. Así es.

9. Y conoce también eso de donde el surge sol y por donde el sol se oculta. Allí todos los Devas están contenidos y ni uno solo va más allá. Así es.

10. Lo que está aquí, lo mismo está allá; y lo que está allá, lo mismo está aquí. Quien ve distinción alguna entre allá y aquí, va de la muerte hacia la muerte.

11. Incluso con la muerte Brahma debe ser alcanzado; entonces no hay diferencia entre Creador y criatura. Quien ve distinción en eso va de la muerte a la muerte.

12. Él habita en el interior del Ser como Señor del pasado y el futuro. Quien esto sabe deja de temer. Así es.

13. Él es como una luz sin humo, Señor del pasado y el futuro, igual hoy y mañana. Así es.

14. Igual que el agua de la lluvia caída en la montaña cae por todos los lados de las rocas, así quien ve distinciones entre las cualidades del ser corre incierto tras ellas por todas sus vertientes.

15. Como el agua pura que, echada en agua pura, se mantiene igual, así, oh, Gautama, es el Ser del discípulo que conoce al Perfecto.

QUINTO VALLI

1. Hay una Ciudad de once puertas que pertenece al Innato, cuyos pensamientos jamás son tortuosos. El que se acerca a ella, deja de sufrir y, libre de toda atadura de la ignorancia, halla la libertad. Así es.

2. Él es el cisne que habita en el radiante cielo; él es Vasu (el aire), que vive en el cielo; él es el sacrificador que habita en el hogar; él es el huésped que mora en la tinaja de los sacrificios; él vive en los hombres, en los dioses, en el sacrificio y en el cielo; él nace en el agua, en la tierra y en las montañas; él es el Verdadero y lo Supremo.

3. Él es quien nos envía el aliento. Todos los Devas (los dioses) le adoran, pues él es el adorable que se sienta en el centro de todo.

4. Cuando el Ser vive en este cuerpo mortal es apartado y liberado de su disfraz, ¿qué queda entonces? Así es.

5. Ningún mortal vive del aliento que asciende y desciende. Vivimos de otro en el que estos dos reposan.

6. Así pues, oh, Gautama, te desvelaré el misterio del antiguo Brahma, y lo que ocurre al Ser después de la muerte.

7. Unos se adentran en el vientre de una mujer para tomar un cuerpo como seres orgánicos, otros entran en la materia inorgánica según sus actos pasados y su conocimiento.

8. Aquel, la Persona Suprema, que queda despierta en nosotros mientras dormimos, dando forma a nuestras visiones, aquel, en verdad, es lo Radiante, aquel es Brahma; a él solo se le llama el Inmortal. Todos los mundos se contienen en él y nadie puede ir más allá. Así es.

9. Como el fuego que, aunque uno, parece diferente dependiendo de lo que arde en él, así el Ser único que está dentro de todas las cosas parece distinto según la materia en la cual él entra, y sin la cual también existe.

10. Como el aire que, aunque uno, parece diferente según la materia en la que él penetra, así el Ser único que está dentro de todas las cosas parece distinto según la materia en la que penetra, y sin la cual también existe.

11. Como el sol, que no se contamina por las impurezas externas atisbadas por los ojos, así el Ser único entre todos los seres nunca es se contamina por la miseria del mundo, estando él mismo fuera de ella.

12. No hay otro señor que el Ser que está dentro de todas las cosas, que hace que las formas se multipliquen. A los sabios que lo notan pertenece la felicidad eterna, a nadie más.

13. No hay ni un pensador eterno que tenga pensamientos no-eternos, y que, aunque sea uno solo, satisfaga los deseos de muchos. A los sabios que le perciben dentro de su Ser, pertenece la paz eterna, a nadie más.

14. Ellos notan ese supremo e indescriptible placer y exclaman: 'Esto es. Entonces, ¿cómo puedo yo entenderlo? ¿Tiene su propia luz o es un reflejo nuevo de otra?'

15. Allí el Sol no brilla, ni la Luna, ni las estrellas, ni

los relámpagos ni el fuego. Cuando él brilla, todo brilla tras él, pues todo se ilumina con su luz.

SEXTO VALLI

1. Hay un árbol muy antiguo cuyas raíces crecen hacia arriba y sus ramas hacia abajo; ese, en verdad, se llama lo Radiante, Brahma, pues él solo es el Inmortal. Todos los mundos se contienen en él, nada va más allá. Esto es.

2. El mundo entero, cuando sale de Él, se tambalea en su aliento, pues Brahma es un gran terror, como una espada desenvainada. Aquellos que le conocen logran la inmortalidad.

3. Del terror de Brahma arden el fuego y el sol; de su terror Indra,[3] Vayu[4] y la muerte huyen corriendo.

4. Si un hombre no logra entender esto antes de que su cuerpo se rompa en pedazos, deberá tomar otro cuerpo en los mundos de la creación.

5. Como en un espejo, así es este cuerpo (donde Brahma puede ser visto con claridad); como un sueño, así es visto en el mundo de los Padres; como en el agua, así es visto en el mundo de los Gandharvas[5]; como en la luz y en la sombra, así se ve en el mundo de Brahma.

6. logrando comprender que los sentidos son distintos del alma, y que su ascenso y declive a ellos pertenece, el sabio deja de sufrir.

7. Más allá de los sentidos está la mente, más allá de la mente está el Ser supremo, más allá del Ser supremo está el Gran Ser, más allá del Grande, el Oculto.

8. Más allá del Oculto está la Persona, el omnipresente, completamente imperceptible. Las criaturas que le conocen son liberadas y logran la inmortalidad.

9. Su forma no puede ser vista, pues nadie puede observarle con los ojos. Solo puede ser conocido con el co-

---

3   Indra, señor de los dioses.
4   Vayu, dios del viento.
5   Genios.

razón, que se halla más allá de la sabiduría y la mente. Solo aquellos que saben esto son inmortales.

10. Cuando todos los sentidos y la mente se someten, el sabio halla el estado supremo.

11. Esto, el sujetar con firmeza los sentidos y la mente, es lo que se llama Yoga. Quien alcanza la conciencia del Yoga no debe ser negligente, pues el estado de Yoga va y viene como un vagabundo que erra.

12. Él no puede alcanzarse con la palabra, con la mente o con el ojo. ¿Cómo puede ser percibido excepto por aquel que conoce su Santa Palabra?

13. A través del Verbo tiene que ser notado. Cuando el ser ha sido percibido mediante el Verbo, la realidad se desvela a sí misma.

14. Cuando paran todos los deseos que habitan en el corazón del mortal, este se convierte en inmortal y se une a Brahma.

15. Cuando todas las ataduras humanas son cortadas aquí en la tierra, el mortal logra la inmortalidad. Esta es la única enseñanza que el verdadero sabio debe aprender; todas las demás enseñanzas, aunque notables, son para aquellos que no han levantado aún todos los velos de la ignorancia.

16. Hay ciento una arterias en el corazón, de las cuales una entra en la corona de la cabeza. Saliendo por ella, el hombre, al morir, llega al Inmortal.

17. La Persona está constantemente asentada en el corazón de los hombres. ¡Que el hombre halle el verdadero Ser que está en su interior y medite en él con firmeza! ¡Conozca, pues, a ese Ser como lo Radiante y lo Inmortal!"

18. Habiendo recibido este Conocimiento enseñado por la Muerte y la meditación en el Yoga, Nakiketas se liberó del sufrimiento y de la muerte y consiguió el estado de Brahma. Así será con cualquier otro que logre conocer todo cuanto se refiere al Ser.

19. ¡Que él proteja a maestro y discípulo! ¡Que él disfrute de ambos! ¡Juntos consigamos la fuerza! ¡Que se ilumine nuestro Conocimiento! ¡Dejemos nuestras disputas para siempre! ¡Om! ¡Paz! ¡Paz! ¡Paz! ¡Hari, Om!

MUNDAKA UPANISHAD

PRIMER MUNDAKA

PRIMER KHANDA

1. Brahma fue el primero de los Devas, el hacedor del Universo, el preservador del mundo. Él desveló el Conocimiento de Brahma, la fundación de todo saber, a su hijo mayor Atharva.

2. Todo cuanto Brahma reveló a Atharva, Atharva lo desveló a Angir; este a Satyavaha Bharadvaga, y Bharadvaga, a su vez, a Angiras.

3. Saunaka, el gran cabeza de familia, se acercó a Angiras con respeto y le preguntó: "Señor, ¿qué Conocimiento es aquel con el que puede saberse todo lo demás?"

4. Él le respondió: "Hay dos clases de conocimiento que deben saberse, el conocimiento superior y el conocimiento inferior; esto lo afirma el sabio que conoce a Brahma.

5. El Conocimiento inferior es el Rig-veda, Yagur-veda, Sama-veda, Atharva-veda, Siksha (fonética), Kalpa (ceremonias), Vyakarana (gramática), Nirukta (etimología), Khandas (métrica) y Gyotisha (astronomía); pero el conocimiento superior es aquel a través del que el Indestructible (Brahma) es entendido.

6. Lo que no puede verse ni tocarse, que no tiene fami-

lia ni casta, ni ojos ni oídos ni manos ni pies, el eterno, el Omnipresente, infinitesimal, imperecedero, eso es lo que el sabio reconoce como la fuente de todo ser.

7. Tal como la araña teje su tela, como las plantas crecen sobre la tierra y como cada uno de los cabellos del hombre se extiende por su cabeza y su cuerpo, así todo nace del Indestructible.

8. Brahma crece con el calor de la meditación, igual que la gallina empolla sus huevos. De él surge la materia, de la materia el aliento, la mente, la verdad y los mundos; y de las acciones (hechas por los hombres en los mundos), la inmortalidad (los efectos eternos, recompensas y castigos de las acciones).

9. De aquel que todo lo siente y todo lo conoce, que se alimenta del Conocimiento, de aquel que nace Brahma, el nombre, la forma y la materia.

SEGUNDO KHANDA

1. Esta es la verdad: las acciones de los sacrificios que los poetas vieron en los himnos védicos han sido realizadas de diversas formas en la edad de Treta.[6] Practicadlas con diligencia, amantes de la verdad, pues este es el camino que os llevará al mundo de las buenas acciones.

2. Cuando se prende el fuego y la llama tiembla, que el hombre haga sus ofrendas entre las dos porciones de mantequilla fundida, como ofrenda de fe.

3. Si el sacrificio del fuego no va seguido de los sacrificios de luna nueva y luna llena, de los sacrificios de los cuatro meses y del sacrificio de la cosecha; si no es acompañado por los huéspedes, ni ofrecido o llevado a cabo sin la ceremonia Vaisvadeva, o no es ofrecido según

---

6   Según la teoría de las edades o yugas, la edad de Treta corresponde a la edad de la verdad. En ella el bien descansa sobra tres pilares (treta), en tanto que el mal, la cuarta columna, forma la semilla. Su opuesta corresponde a la edad actual, el Kali-yuga o edad de la oscuridad, donde el mal descansa sobre tres pilares y el bien, la cuarta columna, se halla en forma de semilla.

lo prescrito, el sacrificio destruye los siete mundos del sacrificador.[7]

4. Kali (negro), Karali (terrorífico), Manogava (agudo como el pensamiento), Sulohita (rojo intenso), Sudhumravarna (morado), Sphulingini (centelleante) y el brillante Visvarupi (el de múltiples formas), todos estos son llamados las siete lenguas de fuego.

5. Si un hombre ofrece sus sagrados sacrificios cuando estas llamas brillan y las ofrendas siguen el momento escrito, estas le llevan como los rayos del sol a la morada del Señor de los devas.[8]

6. '¡Ven con nosotros, ven con nosotros!', exclaman las brillantes ofrendas, mientras guían al sacrificador en los rayos de sol, '¡Este es tu santo mundo de Brahma, ganado por tus buenas acciones!'

7. Pero en realidad son frágiles aquellos que han revelado estas ceremonias inferiores. Los necios que exaltan esto como el bien supremo se ven sujetos a las garras de la vejez y la muerte.

8. Los necios que habitan en la oscuridad, conocedores de su propia ignorancia y engreídos de vano conocimiento, son como ciegos que se tambalean al andar en círculos guiados por otros ciegos.

9. Son niños que se creen felices viviendo en la ignorancia. En verdad, los que dependen de sus buenas acciones son imprudentes a causa de sus pasiones, y caen en la miseria cuando su vida (en el mundo que han ganado con sus buenas acciones) llega a su fin.

10. Si se considera el sacrificio y las buenas acciones como lo mejor, estos necios no llegan a conocer bien lo más alto, y habiendo disfrutado de las alturas del cielo, ganado por sus acciones previas, vuelven a caer en este mundo o en otro inferior.

11. Pero esos que hacen penitencia en el bosque, los sabios de mente serena que viven de limosnas, se liberan de cualquier deseo.

---

7   Los siete mundos constituyen las recompensas de un piadoso sacrificador, el primero es Bhu, el último Satya. Los siete mundos pueden ser explicados también como los mundos del padre, abuelo y bisabuelo, del hijo, nieto y biznieto del mimo sacrificador.

12. Nada eterno se puede lograr con algo no eterno. Quien quiera entender esto, que tome leña en su mano y se acerque a un Gurú que haya comprendido y tenga a Brahma siempre en su corazón.

13. Aquel discípulo que se ha acercado con respeto ante tal Gurú, cuyos pensamientos no están empañados por ningún deseo, a este, el sabio maestro desvelará en verdad el Conocimiento de Brahma por medio del que conocerá la eterna y verdadera Persona.

Segundo Mundaka

Primer Khanda

1. Esta es la verdad. Igual que del fuego centelleante nacen sin cesar miles de llamas, así, oh, amigo, son los seres que surgen del imperecedero para regresar de nuevo a su origen.

2. La persona celestial no tiene cuerpo, se encuentra en el interior y en el exterior, no es producto de la creación ni tiene aliento ni mente, y su esencia es más pura y suprema que lo Imperecedero.

3. De él (de la persona) surge el aliento, la mente y todos los órganos de los sentidos, el éter, el aire, la luz, el agua y la tierra, que es el soporte de todo.

4. El fuego (el firmamento) es su cabeza, sus ojos son el sol y la luna, los cuatro puntos cardinales sus oídos, el habla los Vedas, el viento su aliento y su corazón el universo. De sus pies nació la tierra, pues él es, en verdad, el Ser interior que hay en todas las cosas.

5. De él nace Agni (el fuego), siendo el sol el combustible; de la luna (soma) sale la lluvia; de la tierra nacen las hierbas que sustentan al hombre; y el hombre da semilla a la mujer. De esta forma, muchos seres son procreados por la Persona.

6. De él nacen los ritos introductorios, todos los sacrificios y ofrendas de animales y el dinero que se da a los sacerdotes; el año también sale de él, así como el sacrifi-

cador y los mundos en los que la luna y el sol brillan con luz radiante.

7. De él también han nacido los Devas, los genios, los hombres, el ganado, los pájaros y las inspiraciones y expiraciones de todos los seres vivos, el arroz y el maíz, las austeridades, la fe, la verdad, la experiencia y la ley.

8. Los siete sentidos también han surgido de él, tal como las siete luces, las siete clases de combustible, los siete sacrificios y los siete mundos en que los sentidos se mueven y descansan en la cueva del corazón.

9. De él han nacido los mares y todas las montañas, de él fluyen los ríos de la tierra y de él nacen todas las hierbas y todos los elementos de la tierra.

10. La Persona es el sacrificio y las austeridades, es Brahma, es lo supremo de lo supremo, lo que no puede morir; quien conoce esto que está oculto en la cueva del corazón, oh, amigo, destruye el nudo de ignorancia de esta tierra.

Segundo Khanda

1. Manifiesto, cercano, moviéndose en la cueva del corazón, está el gran ser. En él se centra todo cuanto nosotros conocemos como movimiento, respiración, parpadeo, lo que conocemos como ser y no ser, lo adorable, lo mejor, lo que está más allá del entendimiento de las criaturas.

2. Lo que es radiante, más pequeño que lo pequeño, aquello en lo que se basan los mundos y su fundación, eso es el indestructible Brahma, el aliento, el habla, la mente: todo es él. Él es la verdad inmortal, la meta a la que tienes que llegar . Alcánzala, ¡oh, amigo!

3. Recibe este Upanishad como el arco y pon en él la flecha afilada de la devoción. Si así lo haces, tu mente quedará sujeta y darás en el blanco, que es el Indestructible.

4. La Palabra es el arco, el Ser es la flecha y Brahma el blanco. Este ha de ser alcanzado por un hombre de

mente firme; así, igual que el arco se hace uno con el blanco, él será uno con Brahma.

5. En él el cielo, la tierra, el firmamento, la mente y todos los sentidos están tejidos en un solo hilo. Conócelo a él como el verdadero Ser y deja los otros mundos. ¡Solo Él es el puente hacia la inmortalidad!

6. Él se mueve en diversas formas dentro del corazón. Medita en el ser como la Palabra. ¡Gloria a ti, ve más allá del mar de la oscuridad!

7. Quien lo entiende todo y todo lo conoce, aquel a quien toda la gloria de este mundo pertenece, el Ser, está en el éter, la ciudad celestial de Brahma. El sabio que comprende estas palabras, observa al Inmortal que brilla rebosante de dicha.

8. Las cadenas del corazón se quiebran y todas las dudas encuentran una solución; todas las acciones crecen cuando uno puede contemplarle, pues él es el supremo entre los supremos.

9. En la mansión dorada está Brahma, libre de pasiones, inmutable, uno. Él es la esencia de la pureza, la luz de las luces, aquello que conocemos como el Ser.

10. El Sol no brilla ahí, ni la Luna, ni las estrellas, ni los relámpagos, ni el fuego; cuando él brilla, todo brilla detrás de él, pues todo es iluminado por su luz.

11. Brahma el Inmortal, está delante y detrás, a la derecha y a la izquierda, arriba y abajo; Brahma es todo esto y mucho más, él es el ser supremo entre los seres supremos.

TERCER MUNDAKA

PRIMER KHANDA

1. Dos pájaros, inseparables amigos, se posan en el mismo árbol. Uno de ellos come el fruto dulce, mientras el otro lo observa sin comer nada.

2. En el mismo árbol hay sentado el hombre, sufriendo, confuso por su propia impotencia. Pero cuando ve al Se-

ñor y conoce su gloria, su corazón se llena de gozo y desaparece el sufrimiento.

3. Cuando el vidente ve al brillante Hacedor y Señor de este mundo y le identifica como la Persona que tiene su fuente en Brahma, entonces aquel es sabio, pues ha descorrido el velo de lo bueno y lo malo logrando la unidad suprema; está libre de pasiones, pues en él vibra el aliento que nace de todos los seres. Quien esto entiende, se convierte en un verdadero sabio y deja de ser un charlatán.

4. A través de la rectitud de pensamiento, austeridades y verdadero saber, este ser es logrado, pues el ser de los limpios de corazón es puro y radiante como una luz en el interior del cuerpo.

5. La verdad predomina, no la mentira; por la verdad el camino es señalado, el mismo camino de los dioses en el que los viejos sabios satisficieron sus deseos y obtuvieron el lugar supremo donde habita el Verdadero.

6. Allí mora él, majestuoso, divino, inalcanzable, más pequeño que lo pequeño, escondido en la cueva del corazón para aquellos que lo pueden ver.

7. No se le puede ver con estos sentidos ni alcanzado mediante austeridades o buenas acciones. Cuando la naturaleza del hombre ha sido purificada con la serena luz del conocimiento, entonces este le consigue verlo y meditar en él.

8. Este Ser sutil debe ser conocido por medio de la meditación en el aliento interior; los pensamientos no pueden alcanzarle, pues cada pensamiento de los hombres se entrelaza con los sentidos; mas, cuando los pensamientos son purificados, el Ser es alcanzado.

9. Cuando un hombre cuya naturaleza ha sido purificada logra ese estado, todo aquello que desea es obtenido. Por tanto, todos aquellos que deseen la felicidad deben adorar al hombre que conoce al Ser.

SEGUNDO KHANDA

1. Aquel, el conocedor del Ser, conoce esa suprema

morada de Brahma donde todas las formas están contenidas y todo brilla en su máximo esplendor. Los sabios, sin desear la felicidad, adoran a esa Persona, trascendiendo su propia semilla (no nacen de nuevo).

2. Quien forma deseos en su mente vuelve a nacer, a causa de sus deseos, en esta tierra. Pero para aquel cuyos deseos han sido satisfechos y que es consciente del Ser interior verdadero, todos sus deseos desaparecen, incluso aquí en esta tierra.

3. Ese Ser no puede ser logrado mediante los Vedas, ni por comprensión ni estudio. Solo aquel a quien el Ser elige puede alcanzar el Conocimiento Supremo, pues el Ser le ha escogido (su cuerpo) como su propia morada.

4. Tampoco ese Ser puede lograrse por aquel al que le falta fuerza, seriedad o correcta meditación. Pero, si un sabio lucha con estos medios (fuerza, seriedad y recta meditación), en verdad su Ser entrará en la morada de Brahma.

5. Consciente de su Ser, las pasiones del sabio se desvanecen; tranquilo está, pues ha llegado a aquel que es omnipresente y en él habita ya para siempre.

6. Habiendo purificado ya su naturaleza con el Yoga de la realización, todos los anacoretas, gozando de la inmortalidad suprema en esta vida, encuentran la liberación en el momento del gran final (muerte).

7. Sus quince partes se adentran en sus correspondientes elementos y sus Devas (sentidos) entran en sus correspondientes Devas. De esta manera, sus acciones y su ser se unen al supremo imperecedero.

8. Igual que los ríos fluyen y terminan desapareciendo en el mar, perdiendo su nombre y su forma, así el sabio, liberado de su nombre y forma, se funde en la divina Persona, más grande que lo grande.

9. Aquel que conoce a ese supremo Brahma, se transforma en Brahma. En su raza nadie nacerá ignorante de Brahma. Traspasará el dolor y el mal, se liberará de las llagas del corazón y se convertirá en inmortal.

10. Esto se declara en los siguientes versos: 'Que sea revelada esta ciencia de Brahma solo a aquellos que es-

tán establecidos con firmeza en Brahma, ofreciéndole continuamente su amor y devoción'.

11. El sabio Angiras desveló esta verdadera ciencia a los hombres. ¡Adoración a los supremos rishis![8]

---

8   Dioses.

TAITTIRIYAKA UPANISHAD

PRIMER VALLI O
EL CAPÍTULO SOBRE SIKSHA
(PRONUNCIACIÓN)

PRIMER ANUVAKA

1. ¡Hari, Om! Que Mitra nos sea propicio, así como Venina, Aryaman, Indra, Brihaspati y el todopoderoso Vishnú.

¡Adoración a Brahma! ¡Adoración a ti, oh, Vayu (aire)! ¡Tú eres, en realidad, el invisible Brahma, el único que proclamará la gloria! Proclamaré la verdad y el bien. ¡Protégeme!

¡Protege también a mi maestro! ¡Protégenos mi maestro y a mí ! ¡Om! ¡Paz! ¡Paz! ¡Paz!

SEGUNDO ANUVAKA

1. ¡Om! Expliquemos Siksha, la doctrina de la pronunciación, esto es, la letra, el acento, la cantidad, el esfuerzo (en la formación de las letras), la modulación y la unión de las letras (sandhi). Esta es la enseñanza sobre Sixsha.

TERCER ANUVAKA

¡Que la gloria llegue a ambos (maestro y discípulo)! ¡Que la luz de los Vedas nos ilumine a los dos!

Expliquemos ahora los Upanishads (el significado secreto) de la unión de las cinco cabezas, de los mundos, de las luces celestiales, del conocimiento, de la descendencia y del ser (cuerpo). La gente los llama las grandes uniones:

1. En primer lugar, hablemos de la unión de los mundos. La tierra es el primer elemento, el cielo el último y el éter la unión entre ambos.

Esa unión tiene lugar mediante Vayu (el aire). Hasta aquí, todo cuanto se refiere a los mundos.

2. A continuación, lo que se refiere a las luces celestiales. Agni (el fuego) es el primer elemento, Aditya (el sol) el último, y el agua la unión entre ambos. Esta unión se da a través del relámpago. Hasta aquí, todo cuanto se refiere a las luces celestiales.

3. Ahora, hablemos del conocimiento. El maestro es el primer elemento.

El alumno es el último y el conocimiento la unión entre ambos. Esa unión tiene lugar mediante la recitación de los Vedas. Hasta ahí, todo cuanto se refiere al conocimiento.

4. Hablemos ahora de la descendencia. La madre es el primer elemento, el padre el último y la descendencia su unión. Esa unión se da a través de la procreación. Hasta ahí, todo cuanto se refiere a la descendencia.

5. Hablemos ahora del Ser (cuerpo). La mandíbula inferior es el primer elemento, la superior el último y el habla su unión. Esa unión tiene lugar mediante el habla. Hasta ahí, todo cuanto se refiere al Ser. Estos son los grandes Samhitas. Quien conoce estos Samhitas (uniones) tal como aquí se explican, encuentra la unión con su descendencia, ganado, luz védica, alimento y el mundo celestial.

CUARTO ANUVAKA

1. Que el fuerte toro de los Vedas, aquel que nació de los Vedas y del Inmortal, me fortalezca con su sabiduría. ¡Oh, Dios, álzame hasta la inmortalidad!

¡Fortalece mi cuerpo, endulza mi lengua y agudiza mis oídos!

Tú eres el santuario del conocimiento. ¡Guarda en él todo cuanto he aprendido a través de ti!

2. Igual que la felicidad se acerca y reparte con celeridad vestidos, vacas, comida y bebida, así, tráeme tú tu ganado, oh, Svaha. ¡Que los estudiosos de Brahma lleguen a mí, oh, Svaha! ¡Que lleguen de todas partes, Svaha! ¡Que lleguen y disfruten de la Paz!

3. ¡Sea yo glorioso entre los hombres, Svaha! ¡Sea más rico que los ricos! ¡Que pueda adentrarme en tu reino, pues tú eres mi tesoro, Svaha! ¡Tú, tesoro de los tesoros, entra en mí! ¡Tú eres el árbol de mil ramas, en ti encuentro la purificación! ¡Tal como el agua desciende por los valles, y los meses descienden por el año, así, oh, preservador del mundo, lleguen a mí los estudiosos de Brahma!

Tú eres mi refugio. ¡Ilumíname! ¡Toma posesión de mí!

QUINTO ANUVAKA

1. Bhu, Bhuvas, Suvas, estas son las sagradas interjecciones (Viahrypi) Mahakamasya enseñó una cuarta, Maha, que es Brahma, el Ser; los demás (devatas) son sus miembros.

Bhu es este mundo, Bhuvas es el firmamento y Suvas el otro mundo.

2. Mahas es el sol. Todos los mundos son alimentados por él. Bhu es Agni (el fuego), Bhuvas es Vayu (el aire) y Shuvas es Aditya (el aire). Mahas es la luna. Todas las luces celestes son alimentadas por la luna.

Bhu es los Rik-versos, Bhuvas es los Saman-versos y Suvas los Yagus-versos.

3. Mahas es Brahma. Así pues, todos los Vedas son

alimentados por Brahma. Bhu es Prana (la inspiración), Bhuvas es Apana (expiración) y Suvas Vyana (respiración profunda). Mahas es la comida. Por tanto, las respiraciones son alimentadas por la comida.

Estas son, entonces, las cuatro sagradas interjecciones. Quien las sabe, conoce a Brahma. Realmente, todos los Devas[9] le ofrecen sacrificios.

SEXTO ANUVAKA

1. En el corazón está el éter, y en él habita la Persona (purusha), que consiste en mente, cuerpo y espíritu.

Entre los dos paladares se encuentra la úvula, que es el punto que lleva a Indra (el señor). Allí donde se divide la raíz del cabello, él abre los dos lados de la cabeza, y diciendo Bhu, entra en Agni (el fuego); diciendo Bhu se adentra en Vayu (el aire).

2. Y diciendo Suyas entra en Aditya (el sol); diciendo Mahas, se adentra en Brahma. Allí, el hombre logra la conciencia del Señor. Allí, se transforma en señor de la mente, señor del habla, señor de la acción, señor del oído, señor del Conocimiento, y, aún, mucho más que esto. Allí vive Brahma, cuyo cuerpo es éter y cuya naturaleza es real. Allí está el Supremo, regocijándose en los sentidos (Prana), deleitándose en la mente, en paz perfecta, pues él es el Inmortal. ¡Adórale así, oh, Prakinayogya!

SÉPTIMO ANUVAKA

1. La tierra, el cielo, el firmamento, los cuatro puntos cardinales y los cuatro puntos intermedios, Agni (el fuego), Vayu (el aire), Aditya (el Sol), Kandramas (la Luna) y las estrellas, el agua, las hierbas, los árboles, el éter, el Ser universal: todo esto se refiere a los objetos materiales.

Ahora hablemos del Ser (el cuerpo). Está formado por:

9   Sabios o videntes.

Prana (inspiración), Apana (respiración hacia abajo), Vyana, (aliento profundo), Udana (respiración hacia el exterior), Samana (respiración hacia el interior), el ojo, el oído, la mente, el habla y el tacto, la piel, la carne, los músculos, los cuerpos, y la médula. Habiendo vivido en estos (la división de los mundos en cinco partes: los dioses, los seres, las respiraciones, los sentidos y elementos del cuerpo), un Rishi dijo: "Todo cuanto existe puede dividirse en cinco partes".

A través de una división en cinco partes (que se refieren al cuerpo), él completa las otras series de cinco.

Octavo Anuvaka

1. Om significa Brahma.

2. Om significa todo esto.

3. Om significa obediencia. Cuando se les ha dicho: "Om, habla", ellos hablan.

4. Después de Om cantan Samans.

5. Después de Om recitan himnos.

6. Después de Om el Adhvaryu da la respuesta.

7. Después de Om el sacerdote de Brahma da las órdenes.

8. Después de Om el sacrificador deja que se realice el Agnihotra[10].

9. Cuando un brahmín va comenzar su discurso dice:

10. "Om, obtenga yo Brahma". De esta forma, logra la sabiduría védica.

Noveno Anuvaka

1. ¿Qué es lo necesario? El Bien y el aprendizaje y práctica de los Vedas. La verdad, el aprendizaje y práctica de los Vedas. La austeridad y aprendizaje y práctica de los Vedas. La tranquilidad y el aprendizaje y práctica de los Vedas. Los fuegos para ser consagrados y el aprendizaje y

---

10   Rito del fuego.

práctica de los Vedas. El Agnihotra (sacrificio del fuego) y el aprendizaje y práctica de los Vedas. La hospitalidad y el aprendizaje y práctica de los Vedas. Las obligaciones del hombre y el aprendizaje y práctica de los Vedas. Enseñar a los hijos y el aprendizaje y práctica de los Vedas.

El matrimonio y el aprendizaje y práctica de los Vedas.

Satyavakas Rathitara cree que solo la verdad es necesaria. Taponitya Paurasishti cree que solo la austeridad es necesaria. Naka Maudgalya cree que solo el aprendizaje y práctica de los Vedas son necesarios, pues esto es la austeridad, la verdadera austeridad.

DÉCIMO ANUVAKA

1. Yo soy quien agita el árbol (el árbol del mundo que ha de ser cortado por el Conocimiento).

2. Mi gloria es como la cima de una montaña.

3. Yo soy la luz pura del Conocimiento que se alza en los cielos; yo soy el verdadero, el inmortal, el que reside en el sol.

4. Yo soy el tesoro más brillante.

5. Yo soy el sabio, el eterno, el imperecedero.

6. Esta es la enseñanza de los Vedas, transmitida por el poeta Trisanku.

UNDÉCIMO ANUVAKA

1. Tras haber enseñado los Vedas, el Maestro instruye así al alumno: "¡Di siempre la verdad! ¡Cumple con tu deber! ¡No seas descuidado en el estudio de los Vedas! Después de ofrecer a tu maestro su propia recompensa, no cortes la línea de tu descendencia. ¡No te apartes de la verdad! ¡No te apartes de tu deber! ¡No descuides lo que es útil! ¡No seas negligente en la grandeza! ¡No seas negligente en el aprendizaje y la enseñanza de los Vedas!

2. ¡No seas descuidado en las acciones que se deben

a los Dioses y a los Padres! ¡Que tu madre sea como una diosa para ti! ¡Que tu padre también sea un dios para ti! ¡Que tu maestro sea otro dios! ¡Que tu huésped también sea como un dios! Las buenas acciones han de ser seguidas, no otras; pues nada más nos guiará a la liberación.

3. Hay brahmines mejores que nosotros. Debes atenderlos dándoles un asiento. Lo que les des, dáselo con fe, o más aún, con alegría, modestia y gentileza. Si tuvieras alguna duda en la mente respecto a algún acto sagrado o a conducta, compórtate como un brahmín que posee recto juicio.

4. Dedícate al estudio, pero no seas demasiado severo. Ten siempre la mente sujeta. Esta es la verdadera enseñanza (Upanishad). Este es el mandato. Esto es lo que deberías observar."

DUODÉCIMO ANUVAKA

1. ¡Que Mitra nos sea propicio, y Varuna, Aryaman, Indra, Brihaspati y el todopoderoso Vishnú! ¡Adoración a Brahma! ¡Adoración a ti, oh, Vayu! ¡Tú eres, en realidad, el invisible Brahma! De ti proclamo tu gloria como el visible Brahma.

Proclamo la verdad y el bien, pues tú me has protegido. Tú has protegido a mi maestro. Sí, nos has protegido a mí y a mi maestro. ¡Paz! ¡Paz!

SEGUNDO VALLI O EL CAPÍTULO SOBRE ANANDA (DICHA)

¡Hari, Om! ¡Que Brahma nos proteja a los dos (maestro y discípulo)! ¡Que Él nos dé el gozo a ambos! ¡Adquiramos fuerza juntos! ¡Ilumine Él nuestro Conocimiento! ¡Que nunca haya disputas entre nosotros! ¡Paz! ¡Paz! ¡Paz!

PRIMER ANUVAKA

Quien conoce a Brahma logra lo supremo. El siguiente verso así lo recuerda:

"Quien conoce a Brahma, que es lo consciente, que no tiene fin, que se esconde en lo profundo, en el corazón, en el éter más elevado, que goza de todas las bendiciones, se hace uno con el omnisciente Brahma."

De ese Ser nació el éter, del éter el aire, del aire el fuego, del fuego el agua, del agua la tierra; de la tierra las hierbas, de las hierbas la comida, de la comida la semilla y de la semilla el hombre.

Por tanto, el hombre consiste en la esencia de la comida. Sobre esto, existe el Sloka siguiente:

SEGUNDO ANUVAKA

"De la materia nacen todas las criaturas que moran en la tierra. Todas viven de la materia y, al final, a ella regresan. Así, pues, la materia es el más viejo de todos los seres, por lo cual se le llama la panacea."

Aquellos que adoran a la materia como Brahma consiguen toda la comida, pues la comida o la materia es lo más antiguo de todos los seres. De la materia se producen todas las criaturas y por la materia, cuando nacen, son capaces de crecer y desarrollarse. La materia nutre a todos los seres, por lo cual, también se le llama comida o alimento.

Distinto de la materia es el Ser interior, que consiste en el aliento. La materia está llenada por él y tiene la forma del hombre. Prana es su cabeza (la respiración superior), Vyana (la respiración inferior) es su brazo derecho, Apana (la respiración profunda) es su brazo izquierdo, el éter es su tronco y la tierra su pedestal.

Sobre esto existe el Sloka siguiente:

TERCER ANUVAKA

"El aliento es la vida de todos los seres, y, por lo tanto, es llamado Sarvayusha.

Aquellos que adoran el aliento como Brahma, consiguen la vida completa, pues el aliento da vida a todos los seres, por lo que es llamado Sarvayusha." El Ser que habita en la respiración es el mismo que está en el alimento.

Diferente a aquel que existe en el aliento es el Ser interior, que existe en la mente. El primero es llenado por este y tiene también la forma de hombre. Como la forma humana del primero es la forma humana del segundo. Yagus es su cabeza, Rik su brazo derecho y Sama su brazo izquierdo. La doctrina es su tronco y los himnos atárvicos, sus extremidades.

Sobre esto existe un famoso verso:

CUARTO ANUVAKA

"Quien conoce a Brahma, cuya dicha ni el habla ni la mente podrán nunca alcanzar, nada tiene que temer." El Ser personificado de este (que consiste en la mente) es el mismo que el anterior (que consiste en el aliento).

Diferente de este, que consiste en la mente, es el Ser interior que consiste en la comprensión. El primero es contenido por este. Tiene también forma de hombre. Como la forma humana del primero es la forma humana del segundo. La fe es su cabeza, el bien su brazo derecho, la verdad su brazo izquierdo, la contemplación el tronco y la grandeza su pedestal. Sobre esto existen los versos siguientes:

QUINTO ANUVAKA

"La comprensión hace posible el sacrificio y todos los actos sagrados. Todos los Devas adoran la comprensión como la cualidad más antigua de Brahma. Si un hombre conoce la perfección de Brahma y no se aparta de ella, es liberado de todos los males y logra todos sus deseos."

El Ser personificado de este (que consiste en la comprensión) es el mismo que el anterior (que consiste en la mente). Diferente de este, la comprensión es el otro Ser interior, que consiste en la dicha. El primero es contenido por este. Tiene también la forma de hombre. Como la forma humana del primero es la forma humana del segundo. La alegría es su cabeza, la satisfacción humana su brazo derecho, la satisfacción divina su brazo izquierdo, la dicha el tronco y Brahma su trono.

Sobre esto existen los siguientes versos:

SEXTO ANUVAKA

"Quien conoce a Brahma como lo no-existente, se transforma él mismo en no-existente. Quien conoce a Brahma como existente, se conoce a sí mismo como existente." El Ser personificado de este (la dicha) es el mismo que el anterior.

Llegados aquí, el discípulo se hace estas preguntas: "¿Acaso llega a ese mundo aquel que ha muerto sin conocer? ¿O por fortuna alcanza ese mundo aquel que ha muerto conociendo?"

Esta es la respuesta. Brahma tuvo un deseo: quiso multiplicarse y crecer. Así fue cómo, de su propio Ser, creó todo cuanto existe. Cuando lo hubo manifestado todo, entró en su Ser interior, convirtiéndose en Sat (lo manifiesto) y Tyat (lo manifiesto), lo definido y lo indefinido, lo que tiene conocimiento y lo que no tiene conocimiento (como las piedras), lo real y lo irreal. Sattya (la verdad) se convirtió en todo eso, por lo que los sabios llaman a Brahma Sat-tya (la verdad).

Sobre esto hay unos versos:

SÉPTIMO ANUVAKA

"En el principio era lo no-existente (todavía no definido por la forma y el nombre). De él surgió lo que existe. Brahma formó su propio Ser, por lo que se le llama 'el que se creó a sí mismo'." Lo que es autocreado tiene un sabor (puede ser gustado), pues solo notando el sabor se puede disfrutar del placer ¿Quién podría respirar si la dicha (Brahma) no existiera en el éter? Él solo es la causa de la dicha.

Cuando el Ser se encuentra libre del miedo y descansa en lo invisible, incorpóreo e indefinido, logra perenne serenidad. Pero si hace la más mínima distinción entre su ser y el Ser universal, el miedo se apodera de él. No obstante, el miedo solo existe en aquellos que se piensan sabios (no en los verdaderos sabios).

Sobre esto hay unos versos:

OCTAVO ANUVAKA

"Del terror de él (Brahma), sopla el viento y nace el sol; del terror de él nacen Agni e Indra."

He aquí una explicación de lo que es la Dicha (Ananda):

Un joven noble, bien versado en los Vedas, sabio, firme y fuerte, con todas las riquezas de este mundo a su disposición, equivale a una medida de la dicha humana.

Cien veces esa felicidad humana es una medida de la dicha de los Gandharvas humanos (genios), y también de un gran sabio libre de todos los deseos.

Cien veces la felicidad de los Gandharvas divinos es una medida de la dicha de los Patriarcas, y también de un gran sabio libre de deseos.

Cien veces la felicidad de los Patriarcas es una medida de la dicha de los Devas, surgidos en el cielo (por el mérito de sus justas acciones) y también de un gran sabio libre de sus deseos.

Cien veces la felicidad de los Devas, nacidos en el cielo, es una medida de la dicha de los Devas de los sacrificios, que se transforman en Devas por el mérito de sus sacrificios, y también de un gran sabio libre de deseos.

Cien veces la felicidad de los Devas del sacrificio es una media de la dicha de los treinta y tres Devas, y también de un gran sabio libre de deseos.

Cien veces la felicidad de los treinta y tres Devas es una medida de la dicha de Indra, y también de un gran sabio libre deseos.

Cien veces la felicidad de Indra es una medida de la dicha de Brihaspati, y también de un gran sabio libre de deseos.

Cien veces la felicidad de Brihaspati[11] es una medida de la dicha de Pragapati, y también de un gran sabio libre de deseos.

Cien veces la felicidad de Pragapati[12] es una medida de la dicha de Brahma, y también de un gran sabio libre de deseos.

Quien es esto (Brahma) en el hombre, y quien es eso (Brahma) en el sol, son uno y lo mismo.

Quien sabe esto cuando deja este mundo, alcanza y entiende el Ser, que consiste en alimento, aliento, mente, comprensión y dicha.

Sobre esto hay unos versos:

NOVENO ANUVAKA

"Quien conoce la felicidad de Brahma, de donde vienen el habla y la mente, no tiene nada que temer en este mundo mortal."

En realidad no conoce padecimiento alguno a causa de los pensamientos: ¿por qué no hice lo que era bueno o por qué no hice lo que era malo? Quien supera lo bueno y lo malo, logra la liberación. Esto es el Upanishad.

---

11 Maestro o gurú de los dioses.
12 Señor de todas las criaturas.

TERCER VALLI
(o EL CAPÍTULO DE BHRIGU)

¡Hari, Om! ¡Que Brahma nos proteja! ¡Que ambos logremos la dicha y obtengamos la fuerza de la sabiduría! ¡Que nuestro Conocimiento resplandezca! ¡Que entre nosotros nunca haya discrepancia! ¡Paz! ¡Paz! ¡Paz!

PRIMER ANUVAKA

Bhrigu Varuni fue a su padre, Varuna, y le dijo: "Señor, muéstrame a Brahma". Aquel le dijo: "El alimento, el aliento, el ojo, el oído, la mente y el habla son Brahma"[13].

Después continuó: "Aquello de donde nacen todos los seres, aquello por lo que, cuando nacen, viven, aquello en lo que entran cuando fallecen, eso es Brahma. Trata de conocerlo".

Varuni hizo penitencia. Tras lo cual...

SEGUNDO ANUVAKA

Conoció que el alimento es Brahma, pues del alimento nacen todos los seres; por el alimento los seres viven al nacer, y en el alimento entran cuando mueren.

Sabiendo esto, se acercó otra vez a su padre Varuna y le dijo: "Señor, muéstrame a Brahma". Aquel le dijo: "Trata de hacer penitencia, pues la penitencia es (el medio de conocer a) Brahma".

Bhrigu Varuni hizo penitencia. Sometiendo su cuerpo a las austeridades...

TERCER ANUVAKA

Supo que el aliento es Brahma, pues del aliento na-

---

13 Enseñado por Varuna y aprendido por Bhrigu Varuni, hijo de Varuna.

cen todas las cosas; por el aliento, al nacer, viven y en el aliento entran cuando mueren.

Sabiendo esto fue de nuevo a su padre Varuna y le dijo: "Señor, enséñame a Brahma". Aquel le dijo: "Trata de conocer a Brahma haciendo penitencia, pues la penitencia es (el medio de conocer a) Brahma".

Bhrigu Varuni hizo penitencia. Tras lo cual...

CUARTO ANUVAKA

Conoció que la mente (manas) es Brahma, pues de la mente surgen los seres; por la mente, al nacer, viven, y en la mente entran cuando mueren.

Sabiendo esto, fue de nuevo a su padre Varuna y le dijo: "Señor, muéstrame a Brahma". Aquel le respondió: "Trata de conocer a Brahma haciendo penitencia, pues la penitencia es (el medio de conocer a) Brahma".

De esta forma, haciendo penitencia...

QUINTO ANUYAKA

Conoció que la comprensión (vigñana) es Brahma, pues de la comprensión surgen los seres; por la comprensión, cuando nacen, viven y en la comprensión entran al morir.

Sabiendo esto, fue de nuevo a su padre Varuna y le dijo: "Señor, enséñame a Brahma". Aquel le respondió: "Trata de conocer a Brahma haciendo penitencia, pues la penitencia es (el medio de conocer a) Brahma".

Así lo hizo, y tras hacer penitencia...

SEXTO ANUVAKA

Conoció la dicha de Brahma, pues de la dicha rugen los seres; por la dicha cuando nacen, viven, y en la dicha entran al morir.

Este es el Conocimiento de Bhrigu y Varuna, glorificado en el cielo más elevado. Quien sabe esto logra la glorificación de su ser, colmándose de alimento, salud, ganado y descendencia; en verdad, grande es su fama, pues en él florece el Conocimiento de Brahma.

SÉPTIMO ANUVAKA

Que jamás se abuse de la comida, esa es la regla.

El aliento es la verdadera comida del cuerpo, pues el cuerpo descansa en el aliento y el aliento descansa en el cuerpo. En realidad, el verdadero alimento es el que descansa en el alimento mismo. Quien conoce el alimento que descansa en el alimento, logra la glorificación de su ser, haciéndose rico en alimento, salud, ganado y descendencia; en verdad grande es su fama, pues en él florece la sabiduría de Brahma.

DÉCIMO ANUVAKA

1. Da siempre hospitalidad al extranjero, esa es la regla. Por tanto, un hombre debe tener siempre comida para aquellos que llaman a su puerta. Si ofrece comida en abundancia, así le será ofrecido a él. Si, en cambio, ofrece poca comida, en base a eso le será ofrecido a él.

2. Quien sabe esto, reconoce a Brahma en todas las acciones; realmente, le reconoce en el habla y en el respirar, en las acciones de las manos y en el andar de los pies, así como en el evacuar del ano. Estas son las manifestaciones humanas de Brahma. A estas siguen las manifestaciones de Brahma en los Devas, tales como el poder de la lluvia o el relámpago.

3. La gloria en el ganado y la luz en las estrellas, la procreación, la inmortalidad y el todo en el éter. Quien le adora como el sostén de todo, así será él sostenido. Adórale como la grandeza y serás grande.

4. Adórale como la adoración, y todos los deseos se inclinarán a ti en adoración. Adórale como Brahma y

conseguirá la esencia de Brahma. En realidad, quien le adora como la fuente de todos los dioses, verá perecer a todos sus enemigos.

Quien es eso (Brahma) en el hombre y quien es eso (Brahma) en el sol, son uno y lo mismo.

5. Quien conoce eso al dejar este mundo después de haber alcanzado y entendido al Ser que consiste en el alimento tomado por el aliento, la mente, la comprensión y la felicidad entra y toma posesión de los tres mundos, donde consigue tanto alimento como le place y asume las formas que desea; verdaderamente, su cuerpo reposa y su alma canta este Sama (de Brahma): "¡Havu, havu, havu!

6. ¡Yo soy el alimento, yo soy el alimento, yo soy el alimento! ¡Yo soy el que come el alimento, yo soy el que come el alimento, o soy el que come el alimento! ¡Yo soy el poeta, yo soy el poeta, yo soy el poeta! Yo soy el primogénito del Bien. Antes de los Devas estaba en el centro de todo lo inmortal. A quien revela mi Ser, a él sustento, mas, a quien solo vive de comida, a él yo tomo como alimento.

"Estoy más allá de los mundos en forma de luz dorada. Quien esto sabe, logra la liberación." Este es el Upanishad.

BRIHADARANYAKA UPANISHAD

PRIMER ADHAYA

PRIMER BRAHMANA

1. "En verdad la aurora es la cabeza del caballo listo para el sacrificio, siendo el sol su ojo; el viento es el aliento del animal la boca el fuego, y el año su cuerpo. El cielo es su espalda, el firmamento el vientre, la tierra el pecho, y los cuatro puntos cardinales los lados del cuerpo; los puntos intermedios las costillas, los miembros las estaciones, los tendones, los meses y las mitades de los meses; los pies los días y las noches, los huesos las estrellas, y la carne, las nubes; la comida semidigerida es la arena, los ríos los intestinos, el hígado y los pulmones las montañas, y los cabellos, las hierbas y los árboles. Cuando el sol se alza, es la frente; cuando se oculta, la parte posterior del caballo. Cuando el caballo tiembla, es el relámpago; cuando da coces, el trueno; cuando hace agua, la lluvia; cuando sopla el viento es la voz del animal.

2. En realidad, el Día nació, después del caballo, en forma de vasija dorada, llamada Mahiman, la cual se pone para el sacrificio delante del caballo. Su lugar está en el mar de Oriente. La Noche surgió después del caballo, en forma de vasija plateada, llamada Mahiman, la cual se coloca para el sacrificio detrás del caballo. Su

lugar está en el mar de Occidente. En realidad, estas dos vasijas nacieron a ambos lados del caballo.

Como corredor de caballos, Brahma llamó a los Devas; como semental, a los Gandharvas; como corredor pedestre, a los Asuras; como caballo, a los hombres. El mar es la prole el animal y su lugar de origen.

SEGUNDO BRAHMANA

1. En el principio no había nada. Por la Muerte todo esto se callaba. La Muerte (el primer ser) pensó: "Deseo tener un cuerpo". Así pues, se postró en adoración. De aquella adoración nació el agua. Al ver el agua, exclamó: "En realidad el agua ('ka') apareció a mí mientras estaba adorando ('arkate')". Por esta razón, el agua se llama "arka". Ciertamente encuentra el placer quien conoce la razón por la cual el agua se llama "arka".

2. En verdad el agua es "arka". Y lo que entonces era la espuma del agua se endureció transformándose en tierra. En la tierra descansó la Muerte, y de su descanso y calor surgió el fuego, Agni, lleno de luz.

3. Aquel ser se dividió en tres: Aditya (el Sol), Vayu (el aire) y Agni (el fuego). A su vez, el espíritu (prana) se dividió en tres: la cabeza fue el Oriente y los dos brazos el norte y el sur del Oriente; la cabeza fue el Occidente, y las dos piernas el norte y el sur del Occidente; los dos lados fueron el Sur y el Norte; la espalda el cielo, el vientre el firmamento y el polvo la tierra. De esta manera, la Muerte queda firme en el agua. Quien esto conoce, permanece firme a donde sea que vaya.

4. La Muerte tuvo un deseo: "Que un segundo cuerpo nazca de mí". De este modo, formó el Habla en su mente, convirtiéndose la semilla en el año. Antes de ese tiempo no existían los años. El Habla tardó en formarse un año. Cuando aquella nació, la Muerte abrió la boca para tragársela. Entonces aquella gritó: "¡Bhan!" y así se formó el Habla.

5. La Muerte pensó: "Si la mato, tendré muy poca co-

mida. Por tanto, del habla y del cuerpo (el año) hizo nacer todo cuanto existe: los Vedas, los himnos, los versos, los sacrificios, los hombres y los animales. Y todo lo que la Muerte hizo surgir, todo decidió comérselo. Así es, en verdad, pues la Muerte lo devora todo. Por esta razón, a la Muerte se la llama Aditi. Quien conoce por qué a la Muerte se la llama Aditi, consigue el poder de comerlo todo; ciertamente todo se transforma en su comida.

6. La Muerte deseó ofrecer otro gran sacrificio[14]. Así pues, de las grandes penitencias que hizo nació un gran poder de ella. Ese poder son los sentidos (prana). Cuando todos los sentidos hubieron surgido, el cuerpo comenzó a tragarlos a todos. Así fue como la mente quedó en el cuerpo, y desde entonces esa es su morada.

7. Deseó que este cuerpo fuera apto para el sacrificio (medhya). Entonces, se convirtió en un caballo (asva) porque empezó a tragar (asvat) y es apto para el sacrificio (medhya). Por eso al sacrificio del caballo se le llama Asva-medha.

Verdaderamente, quien esto sabe, conoce el asva-medha. La Muerte soltó entonces al caballo y, al cabo de un año, se lo ofreció en sacrificio a sí misma, dejando a los otros animales para ser sacrificados a las deidades. Por consiguiente, los sacrificadores ofrecieron el caballo purificado que pertenecía a Pragapati, a todas las deidades.

En verdad el sol radiante es el sacrificio Asvamedha, y su cuerpo es el año; Agni es el fuego del sacrificio y estos mundos son sus cuerpos. Estos dos son el fuego del sacrificio y el sacrificio Asvamedha, que a su vez son una deidad, la Muerte. Quien esto sabe, traspasa las barreras de la muerte; ciertamente, la muerte no le alcanza, convirtiéndose en una de esas deidades.

TERCER BRAHMANA

1. Había dos clases de descendientes de Pragapati, los

---

14 Según Max Müller, todo esto no son más que etimologías imaginaria de la palabras sánscritas "asvamedha" y "arka".

Devas y los Asuras. Los Devas eran los más jóvenes y los Asuras, los mayores. Los Devas, que luchaban en estos mundos, dijeron: "Venzamos a los Asuras en los sacrificios, cantando los himnos (udgitha)".

2. Aquellos dijeron al habla (Vak): "Canta para nosotros los himnos (udgitha)". Asintió el habla y cantó los udgitha para ellos. Todo deleite que existe en el habla, aquella lo consiguió para los Devas cantando (los tres pavamanas); pero hubo otros himnos que aún pronunció mejor (los otros nueve pavamanas), cuya gloria se reservó para sí misma. Los Asuras se dieron cuenta y exclamaron: "En verdad, con este cantor nos ganarán". Entonces, se precipitaron contra él, llenándole de maldad. De esta forma, hay un mal que consiste en decir lo que no es verdad.

3. Entonces los Devas dijeron al aliento (perfume): "Canta para nosotros". Asintió el aliento (perfume). Así, pues, el deleite que existe en el olfato aquel lo logró para los Devas cantando; mas, lo que olía mejor se lo guardó para él. Los Asuras lo notaron: "Ciertamente, con este cantor nos vencerán". Entonces se lanzaron contra el cantor, llenándole de maldad. De este modo, hay un mal que consiste en oler lo que es malo.

4. Entonces dijeron al ojo: "Canta para nosotros". "Sí", dijo el ojo y cantó. El placer que hay en la visión lo consiguió él para los Devas cantando; pero lo más bello que vio lo reservó para sí mismo. Los Asuras se percataron y exclamaron: "En verdad, con este cantor nos vencerán". Entonces le rodearon y le traspasaron con el mal. De esta manera, hay un mal que consiste en ver lo que es malo.

5. Entonces invitaron al oído: "Canta para nosotros". Asintió el oído, y cantó. Todo el deleite que hay en el oído, lo obtuvo él para los Devas cantando; pero lo mejor que oyó lo guardó para sí mismo. Los Asuras, sabiendo aquello, dijeron: "Verdaderamente, con este cantor nos ganarán". Entonces corrieron hacia el cantor y le llenaron de maldad. De esta forma, hay un mal que consiste en escuchar lo perverso."

6. Entonces dijeron a la mente: "Canta para nosotros",

"sí", dijo la mente, y cantó. El placer que se encuentra en la mente, lo obtuvo él para los Devas cantando; pero lo mejor que pensó lo reservó para sí mismo. Los Asuras, sabiéndolo, exclamaron: "En verdad, con este cantor nos vencerán". Entonces le rodearon y le llenaron de maldad. Así hay un mal que consiste en pensar lo perverso.

De esta forma, los Asuras sumieron a esas deidades en el mal, llenándolas de maldad.

7. Entonces los Devas dijeron al aliento vital: "Canta para nosotros". Asintió el aliento, y cantó. Los Asuras, sabiendo aquello, exclamaron: "Ciertamente, con este cantor nos vencerán". Entonces se lanzaron hacia él y le llenaron de maldad. Sin embargo, como una bola de barro que da con una piedra, rompiéndose en mil pedazos, de igual forma aquellos murieron, esparciéndose sus trozos en todas direcciones. De esta forma, los Devas se levantaron altivos, mientras los Asuras se precipitaron hacia el abismo. Quien sabe esto, se eleva por su ser; en verdad, su enemigo más odiado es sumido en el abismo.

8. Entonces los Devas inquirieron: "¿Dónde está aquel que os ha salvado?" Su salvador era el aliento que habita más allá del interior de la boca ("asye'ntar"), por lo que es llamado Ayasya; él es la sabia ("rasa") que da vida a las partes del cuerpo ("anga"), por lo cual es llamado Angirasa.

9. Esa deidad fue llamada Dur, pues la Muerte fue alejada ("duran") de ella. Quien sabe esto, no puede ser alcanzado por la muerte.

10. Esa deidad, después de sacar el mal de aquellas deidades, envió a la muerte a los cuatro confines de la tierra. Allí depositó sus pecados. Por tanto, nadie debe ir hasta los confines de la tierra, pues en ellos vive la muerte.

11. La deidad que mora en el aliento vital, después de sacar el mal de las otras deidades, las llevó más allá de la muerte.

12. Primero liberó al habla. Cuando el habla fue liberada de la muerte se transformó en lo que había sido anteriormente: Agni (el fuego). Así pues, Agni, después

de traspasar los límites de la muerte, brilla en todo su esplendor.

13. Después liberó a la respiración. Cuando la respiración fue liberada de la muerte, se convirtió en Vayu (aire). Vayu, después de traspasar los límites de la muerte, sopla con todo su vigor.

14. Después liberó al ojo. Cuando el ojo hubo sido liberado de la muerte, se transformó en Aditya (el sol). Aditya, después de traspasar los límites de la muerte, arde con toda su fuerza.

15. Después liberó al oído. Cuando el oído fue liberado de la muerte, se convirtió en los cuatro puntos cardinales. Estos son nuestros cuatro puntos cardinales, que han traspasado los límites de la muerte.

16. Después liberó a la mente. Cuando la mente fue liberada de la muerte, se convirtió en la luna (Kandramas). La luna, después de traspasar los límites de la muerte, brilla en todo su esplendor. A quien sabe esto, esta deidad le guía más allá de los confines de la muerte.

17. Entonces el aliento vital entonó su canto y consiguió alimento comestible para él. Así, toda comida es alimento solo para el aliento, y en el aliento únicamente reposa.

Los Devas dijeron: "En verdad, tú has conseguido obtener la verdadera comida para tu ser. Danos, pues, una parte de esa comida". Aquel respondió: "Entrad dentro de mí" Ellos asintieron y entraron todos dentro de él. Por tanto, toda comida es alimento para el aliento y por él todos los demás sentidos son satisfechos.

18. Si un hombre conoce esto, se convierte en el sostén de sus familiares; en verdad él es su guía principal y su gobernante. Si alguna vez, entre sus propios familiares, tratara alguien de oponerse a quien posee esta sabiduría, perdería al instante todo cuanto poseyera. No obstante, quien sigue al hombre que posee este conocimiento en su corazón, logra todos los bienes de la tierra.

19. Aquel (el aliento vital) fue llamado Ayasya Angirasa, pues él es la savia ("rasa") de las partes del cuerpo ("anga"). Sí, en verdad el aliento es la savia de los órga-

nos del cuerpo. Por consiguiente, aquel órgano que deja de recibir el aliento vital, se seca, pues deja de recibir la savia de los órganos del cuerpo.

20. El aliento es también Brihaspati, pues el habla es Brihaspati (Rig-Veda), y él es su señor; por tanto, él es Brihaspati.

21. El aliento es también Brahmanaspati, pues el habla es Brahma (Yagur-veda) y él es su señor; por consiguiente, él es Brahmanaspati. El aliento es también Saman (los Udgitha), pues el habla es Samari (Sama-veda), que a la vez es el habla (sa) y el aliento (ama). Por esta razón, Saman es llamado Saman.

22. O porque es igual (Saman) que un gusano, igual que un elefante, igual que los tres mundos e igual que el universo, por eso es Saman. Quien conoce a Saman, logra la unión con él.

23. El aliento es Udghita. En realidad, el aliento es Ut, pues el aliento mantiene a este universo; y el aliento es Ghita, el canto. Y puesto que él es "ut" y "ghita", él es Udghita.

24. Así fue como Brahmadatta Kaikitaneya (el nieto de Kikitana), tomando a Soma dijo: "Que Soma me corte la cabeza si Ayasya Angirasa cantara otro Udgitha (himno) diferente. Pues él es en verdad el habla y el aliento".

25. Quien conoce la propiedad de Saman (el aliento), logra su poder. Realmente, su propiedad es el tono de voz. Por tanto, el sacerdote que ha entonar los himnos de Sama debe desear que su voz tenga un buen tono; debe realizar el sacrificio con un tono de voz perfecto. Por consiguiente, quienes busquen a un sacerdote para hacer los sacrificios, deberán asegurarse de que tiene buena voz, es decir, que su voz posee la propiedad esencial para los sacrificios, pues quien conoce la propiedad de Saman, consigue la unión con él.

26. Quien conoce el oro de Saman obtiene su poder. En verdad el oro de Saman se encuentra solamente en el tono. Quien, pues, conoce el oro de Saman, logra su poder.

27. Quien conoce cuál es la base en la que se sostiene

Saman, él mismo es sostenido por él. En verdad su sostén está tan solo en el habla, pues el aliento es cantado como Saman. No obstante, algunos necios afirman que el sostén es la comida.

Después sigue el Abhyaroha[15] (la ascensión) de los versos Pavamana. En verdad, cuando el sacerdote empiece a cantar el Saman, el sacrificador debe recitar estos versos:

"¡Llévame de la irrealidad a la realidad! ¡Llévame de la oscuridad a la luz! ¡Llévame de la muerte a la inmortalidad!"

Cuando aquel dice "Llévame de la irrealidad a la realidad", la irrealidad es, en verdad, la muerte, y la realidad la inmortalidad.

Por tanto, aquel dice: "Llévame de la muerte a la inmortalidad, hazme inmortal."

Cuando él dice: "Llévame de la oscuridad a la luz", la oscuridad es, en verdad, la muerte y la luz la inmortalidad. Por consiguiente, aquel dice: "Llévame de la muerte a la inmortalidad, hazme inmortal".

Cuando él dice: "Llévame de la muerte a la inmortalidad", no hay ningún significado oculto.

28. Después vienen los otros himnos a través de los cuales el sacerdote puede lograr comida para sí mismo. Por tanto, el sacrificador, mientras se cantan himnos, debe pedir un deseo, cualquier deseo que quiera obtener. Un sacerdote que conoce esto logra con sus cantos cualquier deseo que busque alcanzar, ya para sí mismo, ya para el sacrificador. Este conocimiento en verdad se llama el conquistador de los mundos. Quien, pues, conoce este Sama, para él no existe el miedo de no ser aceptado al mundo supremo.

CUARTO BRAHMANA

1. En el principio solo existía el Ser, en la forma de

15　La ascensión es una ceremonia para dirigirse a los dioses o para convertirse uno mismo en dios. Consiste en la recitación de ciertos himnos.

una persona[16] (purusha). Aquella miró a su alrededor y no vio nada salvo su propio Ser. Lo primero que dijo fue: "Yo soy"; así fue como, diciendo su nombre, se convirtió en yo. Por consiguiente, si a un hombre se le pregunta, lo primero que dice es: "Yo soy", y después pronuncia el otro nombre que pueda tener, y, dado que antes de esto ("purva"), él (el Ser) quemó ("ush") todos los seres perversos, así fue como se transformó en persona ("pur-usha"). En realidad, quien esto sabe, quema todo aquello que intenta anteponérsele.

2. Tuvo miedo; por tanto, todo el que está solo, tiene miedo. Mas pensó: "Si no hay nadie más que yo mismo, ¿por qué tengo miedo?" Verdaderamente, el miedo no dura más que un segundo.

3. Pero no sintió satisfacción alguna. Por tanto, el hombre que está solo no siente nada agradable. En seguida tuvo un deseo, que se hizo tan grande como un hombre y una mujer juntos. Entonces, hizo que su Ser se dividiera en dos ("pat"), y de ahí nacieron el marido ("pati") y la esposa ("patri"). Es decir, Yagnavalkya dijo: "Los dos somos como las dos mitades de una concha". Así pues, el vacío que antes existió fue llenado por la mujer. Aquel la abrazó y de esta manera nacieron los hombres.

4. Ella tuvo un pensamiento: "¿Cómo me puede abrazar, si he salido de su mismo ser? Me esconderé".

Entonces se transformó en vaca; pero él, a su vez, se convirtió en toro y la abrazó. Así pues, de ahí surgieron las vacas. Ella se convirtió en yegua y él en caballo; ella se convirtió en burra y él en asno. Él la abrazó y de ahí nacieron los animales de una sola pezuña. Ella se convirtió en cabra y él en macho cabrío; ella se convirtió en oveja y él en carnero. Él la abrazó y de ahí nacieron las cabras y las ovejas. De esta manera, todo lo que existe fue creado en parejas, incluidas las hormigas.

5. Entonces él supo: "Yo soy, en verdad, esta creación, pues yo creé todo esto". Así, él se convirtió en la creación; en realidad quien sabe esto, vive en su propia creación.

---

16   Persona en los Upanishads tiene el sentido de alma o conciencia individual.

6. Más tarde, produjo el fuego al frotarse las manos. De su boca y de sus senos hizo nacer las llamas. Por tanto, la boca y las manos no tienen vello, así como los senos.

Cuando dicen: "Ofrece sacrificios a este dios o a este otro", cada uno de los dioses no es más que una manifestación suya, pues él es todos los dioses.

Entonces, de la semilla creó todo lo húmedo, esto es, Soma. Realmente, en este universo todo es, o bien comida, o bien el ser que la come. Esta es la creación suprema de Brahma, pues él hizo nacer a los dioses de su mejor parte, creando lo inmortal de lo que, hasta entonces, era solo mortal.

Así, esta es su creación suprema. Quien sabe esto, vive en su verdadera creación.

7. Todo esto no estaba desarrollado todavía. Se desarrolló a través de la forma y el nombre, para que los hombres pudieran valorar mejor cada detalle de su creación.

Él (Brahma o el Ser) se adentró hasta el fondo de su propia creación, igual que una cuchilla encaja en una caja para cuchillas, o el fuego en el hogar.

Él no puede ser visto, pues es el mismo aliento que respiramos. Cuando hablamos, él es el habla; cuando nos paramos a contemplar, él es la vista; cuando oímos, él es el oído y cuando pensamos, él es la mente. Todo esto no son sino nombres que se dan a las manifestaciones de sus actos. No obstante, quien le adora como a una de sus manifestaciones, no le conoce de verdad, pues él está más allá de sus cualidades. Los hombres tienen que adorarle como el Ser, pues en el Ser todas las cualidades son una. El Ser es la base de todo, pues a través de él, todo puede conocerse. Y al igual que se puede encontrar el camino perdido siguiendo las huellas por donde alguien pisó, de la misma manera quien tiene conocimiento de esto, halla la gloria y se hace digno de alabanza.

8. Este Ser, que es lo más próximo a nosotros, es más apreciado que un hijo, más apreciado que la riqueza, más querido que ninguna otra cosa.

Y si alguien dijera a otro que hay algo más querido que el ser, perdería todo cuanto posee antes o después. Solo el Ser es querido y digno de ser adorado. Quien pone todo su amor en el Ser y únicamente en él, no verá morir jamás al objeto de su amor.

9. Si los hombres creen que, a través del conocimiento de Brahma, lograrán todo, ¿qué es entonces lo que sabía Brahma, de lo que surgió todo?

10. En realidad, en el principio estaba Brahma. Brahma conocía solo el Ser. Él dijo: "Yo soy Brahma", y de ahí nació todo. De este modo, Deva (los dioses) despertó para conocer a Brahma, convirtiéndose en el mismo Brahma; y lo mismo sucedió con los Rishis (los sabios) y los hombres. Así fue como el Rishi Vamadeva entendió la esencia de Brahma y exclamó: "Yo era Manu (la luna), yo era el sol". Es decir, quien conoce que él es Brahma, se convierte él mismo en Brahma, sin que los mismos Devas puedan evitarlo, pues él habita en el mismo Ser que aquellos.

Sin embargo, si un hombre adora a otra deidad, creyendo que aquella es una y él otro, no conoce. Para los Devas, es como un animal. Pues en verdad, igual que muchos animales dan alimento a un solo hombre, de igual modo cada hombre proporciona alimento a los Devas (los dioses). Si un solo animal es robado a los Devas, eso no les agrada. ¡Cuánto más, pues, si son muchos los animales robados!

Por tanto, a los Devas les disgusta que los hombres lleven a cabo estas acciones.

11. En verdad en el principio estaba Brahma. Estando solo, quiso crear las fuerzas supremas. Entonces creó los Kshatras (poderes) entre los Devas (dioses). Así pues, no existe nada más allá de Kshatra, por lo que, en el sacrificio, Ragasuya, el brahmín, se sienta debajo del Kshatriya.[17] Él da su gloria en Kshatra solamente. No obstante, Brahma es el origen de Kshatra. Por tanto, aunque un rey es exaltado, se sienta debajo del brahmín, pues él es su lugar de origen. Quien causa una afrenta a aquel, causa una afrenta a su propio lugar de origen. Peor aún, pues ha causado una afrenta a alguien mejor que sí mismo.

---

17   Casta de los guerreros.

12. Brahma aún no era lo bastante fuerte. Así pues, creó a Vis (la gente), las clases de Devas que, en sus distintos órdenes, son llamados Vasus, Rudras, Adityas, Vis ve Devas, Maruts.

13. No obstante, no era suficientemente fuerte. Creó, entonces, la casta de los Sudras[18] y a Pushan (el dador de alimento). En realidad, esta tierra es Pushan (el dador de alimento), pues la tierra en verdad alimenta a todo cuanto hay en ella.

14. Aun así, no era lo bastante fuerte. Creó, pues, lo mejor, la ley (dharma). La ley es el Kshatra (poder) del Kshatra; por tanto, no hay nada superior a la ley. De esta forma, incluso un hombre débil, con el apoyo de la ley, puede gobernar a uno más fuerte que él, como si él fuera el rey y el otro su súbdito. De este modo, a la ley se le llama la verdad. Así, si un hombre declara la verdad, se dice que ha declarado según la ley; y si declara según la ley, se dice que declara la verdad. Ambas cosas son lo mismo.

15. De esta forma existe Brahma, Kshatra, Vis y Sudra. Entre los Devas Brahma existía solo como Agni (el fuego), y entre los hombres, como brahmín, igual que Kshatriya a través de Kshatriya, Vaisya mediante el (divino) Vaisya y Sudra a través del (divino) Sudra[19].

Por tanto, las gentes desean sus estados futuros a los Devas a través de Agni (el fuego del sacrificio) solamente; y a los hombres mediante los brahmines, pues Brahma habita en estas dos formas.

Así, si un hombre muere sin haber visto su verdadera vida futura, ese Ser, siendo desconocido, no le recibe ni le bendice, como si aquel no hubiera leído los Vedas o no hubiese hecho buenas acciones. Más aún, si alguien lleno de santidad lleva a cabo grandes obras en la tierra, pero no conoce el Ser, sus obras no servirán de nada y

---

18 La casta inferior.

19 Estas son las cuatro castas de la India: los brahmines, los kshatriyas o guerreros, los vaisyas o comerciantes y los sudras, la gente ordinaria que no pertenece a las otras tres. Los parias o sin casta son los socialmente más humildes, pues no pertenecen a ninguna de las clases anteriores.

perecerá. Pero si un hombre conoce el Ser en su verdadero estado, sus obras no mueren, pues todo lo que desea, lo consigue en su Ser.

16. En verdad el Ser (del ignorante) es el mundo de todas las criaturas. Cuando un hombre ofrece sacrificios a Brahma, habita en el mundo de los Rishis; cuando ofrece comida a los antepasados tratando de conseguir descendencia, mora en el mundo de los antepasados; cuando da cobijo y comida a otros hombres, habita en el mundo de los hombres; cuando halla alfalfa y agua para los animales, mora en el mundo de los animales; cuando los cuadrúpedos, pájaros e incluso hormigas viven en su casa, mora en su mundo. Y, de igual forma que cada cual desea que su mundo no sufra daño alguno, así todos los seres desean que quien sabe esto no sufra ningún daño. En realidad, esto es algo conocido y bien razonado.

17. En el principio solo existía el Ser, único. Aquel tuvo un deseo: "Quiero una esposa para que me dé descendencia y riqueza para poder ofrecer en sacrificios". En verdad, este es un deseo completo, pues incluso si hubiera deseado más, no lo hubiera hallado. Así, una persona sola tiene este deseo: "Quiero una esposa para que me dé descendencia y riqueza para poder ofrecer en sacrificios". Y si no logra ninguna de estas cosas, cree que es incompleto. Este es su estado completo: la mente es su ser (el marido), el habla es su esposa, el aliento su hijo, el ojo toda la riqueza mundana, pues él la halla con el ojo, y el oído su riqueza divina, pues él la oye con el oído. El cuerpo ("âtman") es su obra, pues con el cuerpo lleva a cabo sus acciones. Este es el quíntuple sacrificio, pues quíntuple es el animal, quíntuple el hombre y todas las cosas. Quien esto sabe, obtiene todo lo demás[20].

QUINTO BRAHMANA

1. Cuando el padre (de la creación) hubo producido, a

---

20   Quíntuple, pues consiste en mente, habla, aliento, vista y oído.

través del Conocimiento y penitencia (acciones), las siete clases de comida, repartió una de ellas a todos los seres y dos a los Devas.

Hizo tres para él y una la distribuyó a los animales. Esta es la base de todo, para los seres que respiran y para los que no lo hacen.

¿Por qué entonces los seres no mueren, aunque son comidos por otros? Quien conoce al imperecedero, sabe la esencia de lo que come.

Va a los Devas y en ellos halla la fuerza.

2. Cuando se dice que el padre produjo a través del Conocimiento y penitencia las siete clases de comida, está claro que así lo hizo.

Cuando se dice que una de ellas fue común, esa es la comida común de todo lo que se come. Quien adora (come esa comida común), permanece en el mal, pues en verdad esa comida pertenece a todos los seres. Cuando se dice que asignó dos clases de comida a los Devas, se refiere al huta, que es sacrificado en el fuego, y al para-huta que se entrega para el sacrificio. Pero también se dice que los sacrificios de luna nueva y luna llena son divinos; por tanto, no se deberían ofrecer con un deseo.

Cuando se dice que "una clase de alimento dio a los animales", se refiere a la leche. Pues, al inicio (en su infancia) los animales y los hombres viven de leche. Así, cuando nace un bebé, o bien le hacen lamer "ghrita" (mantequilla) o bien le dan de pecho. Es decir, a un recién nacido le llaman "atrinada" o sea, que no come hierbas. Cuando dicen: "en ello descansa todo, lo que respira y lo que no respira", vemos que todo, lo que respira y lo que no respira, se basa y depende de la leche.

Y cuando se dice (en otro Brahmana) que un hombre que ofrece sus sacrificios con leche un año entero, traspasa los umbrales de la muerte, no es del todo así. No, pues en el mismo día en que ofrece el sacrificio, en ese mismo día traspasa los umbrales de la muerte; así pues, quien sabe esto, ofrece a los dioses la comida entera (toda la leche).

Cuando se dice: "¿Por qué estos no perecen, a pesar de

ser comidos continuamente?", respondemos: En verdad, la Persona es imperecedera y ella produce el alimento una y otra vez.

Cuando se dice que "come la comida con el rostro", el rostro significa la boca, pues ella (la persona) la come con su boca.

Cuando decimos que "va a los Devas, y en ellos encuentra la fortaleza", eso significa una alabanza.

3. Cuando decimos que "hizo tres clases de alimento para sí mismo" eso quiere decir que creó la mente, el habla y el aliento para sí mismo. Cuando la gente dice: "Mi mente estaba en todas partes, pero no la pude ver; mi mente estaba en todas partes, pero no la pude escuchar", está claro que el hombre ve y oye con su mente. El deseo, la representación, la duda, la fe, la falta de fe, la memoria, el olvido, la vergüenza, la reflexión, el miedo, todo esto es mente. Por tanto, si a un hombre le tocan la espalda, lo percibe a través la mente.

Todo sonido que existe, esto es habla. El habla es un medio, no es nada en sí misma.

Todas las respiraciones, interiores y exteriores, no son más que "prana". En realidad, en eso consiste el Ser, y el Ser consiste en palabra, mente y aliento.

4. Estos son los tres mundos: la tierra es la palabra, el firmamento es la mente y el cielo es la respiración.

5. Estos son los tres Vedas: el Rig-veda es la palabra, el Yagur-veda la mente y el Sama-veda el aliento.

6. Estos son los Devas, los antepasados y los hombres: los Devas son la palabra, los antepasados la mente y los hombres el aliento.

7. Estos son el padre, la madre y el hijo: el padre es la mente, la madre la palabra y el hijo el aliento.

8. Estos son lo conocido, lo que está por conocer y lo desconocido. Lo conocido tiene la forma del habla, dado que el habla es conocida. El habla toma esta forma para proteger al hombre.

9. Lo que está por conocer tiene la forma de la mente, pues la mente es lo que está por conocer. La mente ha tomado esta forma para proteger al hombre.

10. Lo desconocido tiene la forma del aliento, pues el aliento es desconocido. El aliento ha tomado esta forma para proteger al hombre.

11. En el habla (que es la comida de Pragapati) la tierra es el cuerpo, la luz la forma, o sea, el fuego. Hasta donde llega el habla, se extiende la tierra y el fuego.

12. El cielo de la mente es el cuerpo, y la luz la forma, es decir el sol. Hasta donde se expande el habla, se extiende el cielo y el sol. Si estos (el fuego y el sol) se abrazan, surge el viento, cuyo poder es Indra, superior a todos. Quien sabe esto, no tiene rival.

13. El agua de este cuerpo es el aliento, y la luz su forma, o sea, la luna. Hasta donde se extiende el aliento, se extiende el agua y la luna.

Todos estos poderes son parecidos, infinitos. Quien les adora como poderes finitos, logra un mundo finito, pero quien les adora como infinitos, consigue un mundo infinito.

14. Pragapati es el año, que tiene dieciséis cifras. Las noches son sus primeras quince cifras y, el punto fijo, su decimosexta cifra. Pragapati, el año, aumenta y disminuye la cifra de sus noches. Cuando en la parte decimosexta de la noche de luna llena entró en todo lo viviente, surgió de nuevo en la mañana. Por tanto, que nadie corte la vida de ningún ser vivo en esa noche, ni tan solo la vida de una lagartija, en honor (pugartham) de tal deidad.

15. En realidad, Pragapati, que consiste en dieciséis cifras, que son el año, es igual a un hombre que sabe esto. Su riqueza consiste en las quince cifras y su Ser es la cifra decimosexta.

Él aumenta y disminuye a causa de esta riqueza. Su Ser es el eje de una rueda y su riqueza los radios. Por tanto, a quien lo pierde todo, pero mora con el Ser, la gente le dirá: perdió solo los radios de la rueda (que pueden arreglarse de nuevo).

16. En verdad, hay tres mundos: el mundo de los hombres, el mundo de los antepasados y el mundo de los Devas. El mundo de los hombres solo puede ser ganado por un hijo, no mediante acción alguna. A través el sacrificio

se llega al mundo de los antepasados y mediante el conocimiento se consigue el mundo de los Devas. El mundo
de los Devas es el mejor de los mundos, pues ellos disfru-
tan del Conocimiento.

17. Luego sigue la entrega del alma. Cuando un hombre cree que va a perecer, dice a su hijo: "Tú eres Brahma,
tú eres el sacrificio, tú eres el mundo". El hijo responde:
"Yo soy Brahma, yo soy el sacrificio, yo soy el mundo".
Todo lo que uno ha aprendido (a través del padre), eso
en sí es Brahma. Todos los sacrificios que existen no son
más que un único sacrificio. Todos los mundos que existen no son más que un solo mundo. En esto reside toda
la esencia de la sabiduría.

Cuando un padre que sabe esto deja este mundo, entra en su hijo junto con sus propios espíritus (mente,
habla y aliento). Si el padre ha hecho algo malo, el hijo
lo puede arreglar mientras viva. A través de la ayuda de
su hijo, el padre se sostiene firme en su mundo. Entonces estos espíritus divinos e inmortales (habla, mente y
aliento) se adentran en él.

18. De la tierra y del fuego, el habla divina penetra en
él. En verdad aquella es la divina palabra, pues todo lo
que dice se llena de verdad.

19. Del cielo y del sol, la mente divina entra en él. En
verdad, aquella es la mente divina, pues quien se pone
en contacto con ella se llena de dicha y deja de sufrir
para siempre.

20. Del agua y de la luna, el aliento divino entra en
él. En verdad a aquel es el aliento divino, el cual, ya se
mueva o no, jamás sufre cansancio alguno y, por tanto,
no perece. Quien conoce esto, se convierte en el ser de
todos los seres. Tal como es esa deidad (Hiranyagarbha),
así se transforma él. Y al igual que todos los seres adoran
a esa deidad, así todos los seres veneran a quien conoce
esto.

El sufrimiento que sienten las criaturas no se acerca a
él, pues en verdad, el mal no se acerca a los Devas.

21. Luego sigue la consideración de las acciones. Pragapati creó las acciones (los sentidos activos). Cuando

fueron creados, empezaron a pelear entre sí. La voz dijo: hablaré; el ojo dijo: veré; el oído dijo: oiré; y así las demás acciones, cada una según su función. La Muerte, entonces, los tomó y los llevó consigo. Cuando los hubo tomado, los retuvo (de su función). Por eso, el habla crece débil, el ojo crece débil y el oído crece débil.

Pero la muerte no pudo tomar al aliento vital. Entonces, los demás, al tratar de conocerle, dijeron: "En verdad, él es el mejor de nosotros, pues, se mueva o no, no sufre cansancio alguno y no muere jamás. Tomemos, pues, su forma". Así fue como aquellos tomaron su forma; por lo tanto, son llamados "alientos" (espíritus).

En toda familia hay quien sabe esto; por lo que esa familia es llamada por el nombre de tal persona. Y quien disputa con alguien que conoce esto, acaba por fallecer. Hasta aquí todo lo que se refiere a este cuerpo.

22. Ahora sigue todo lo que se refiere a las deidades.

Agni (el fuego) dijo: yo haré que las cosas ardan; Aditya (el sol) dijo a su vez: yo daré calor; Kandramas (la luna) dijo entonces: yo daré brillo; y así todas las demás deidades, cada una según su función. Y tal como sucedió con el aliento vital y con los espíritus, así sucedió con Vayu, el viento de las deidades. Las demás deidades desaparecieron, excepto Vayu. Vayu es la deidad que siempre existe.

23. Así se alaba en este Sloka:

"Aquel de quien el sol surge y en quien el sol se pone" (ciertamente surge del aliento y se pone en el aliento).

"Aquel que es la ley para los Devas, es el hoy y el mañana también."

Por tanto, el hombre debe sufrir un solo mandato: seguir el aliento que habita en su interior para que la maldad de la muerte no pueda darle alcance jamás. Quien siga este único mandato, logrará la unión perfecta con la deidad de las deidades.

SEXTO BRAHMANA

1. En realidad, existe una tríada: el nombre, la forma

y la acción. De estos hombres, el nombre del Habla es el Uktha (himno o también origen primero de todas las cosas), pues de él nacen todos los demás nombres. Él es su Sama[21], pues es lo mismo que todos los nombres y su Brahma (el soporte de todo lo viviente), pues él sujeta a todos los hombres.

2. De todas las formas, la que es llamada Ojo es el Uktha (origen primordial), pues de él nacen todas las formas. Él es su Sama, pues es lo mismo que todas las formas, y su Brahma, pues él sostiene a todas las formas.

3. De todas las acciones, la que es llamada Cuerpo es el Uktha (origen primordial), pues de él surgen todas las acciones. Él es su Sama, pues es lo mismo que todas las acciones, y su Brahma, pues él sujeta todas las acciones.

Esa tríada es uno, es decir, es un solo Ser; y el Ser, siendo uno, es esa tríada. Él es el inmortal, contenido por la verdad. En verdad el aliento es el inmortal y el nombre y la forma son la verdad y mediante ellos se llega a la inmortalidad.

Segundo Adhaya

Primer Brahmana

1. El orgulloso Gargya Balaki, un hombre de gran saber, dijo a Agatasatru de Benarés: "¿Quieres que te hable de Brahma? "Agatasatru respondió: "Te daremos mil vacas si nos hablas de Brahma, pues todos corren tras Ganaka, diciendo que Ganaka[22] (el rey de Mitikila) es nuestro padre."

2. Gargya dijo: "Adoro como Brahma a la persona que está en el sol". Agatasatru le respondió: "¡No, no! No me hables así. Yo le adoro en verdad como el supremo, la ca-

---

21 Sama significa canción y también igualdad.

22 Ganaka es conocido en la historia como un rey sabio y benévolo. Parece que Agatasatru está dispuesto a ofrecer una gran recompensa a un verdadero sabio, pues todos los sabios andan tras Ganaka para establecerse en su corte.

beza de todos los seres, el rey. Quien así le adora, logra el estado supremo, convirtiéndose en rey y cabeza de todos los seres."

3. Gargya replicó: "Adoro como Brahma a la persona que está en la luna". Agatasatru le respondió: "¡No, no! No me hables así. Yo le adoro en verdad como el grande, el de blancas vestiduras, pues él es Soma, el rey. A quien así le adora, Soma le llena de bendiciones."

4. Gargya prosiguió: "Adoro como Brahma a la persona que está en el rayo (y en el corazón)". Agatasatru le respondió: "¡No, no! No me hables así. Yo le adoro como el esplendoroso. Quien así le adora, en verdad se torna resplandeciente y su descendencia se llena de luz."

5. Gargya continuó: "Adoro como Brahma a la persona que está en el éter". Agatasatru le respondió: "¡No, no! No me hables así. Yo le adoro en verdad como aquel que permanece en constante reposo y plenitud. Quien así le adora, consigue ganado y descendencia infinitas."

6. Gargya prosiguió: "Adoro como Brahma a la persona que está en el viento". Agatasatru replicó: "¡No, no! No me hables así. Yo le adoro en verdad como Indra Vaikutha, el ejército inconquistable. Quien así le adora, consigue la victoria; realmente vence a todos sus enemigos."

7. Gargya continuó: "Adoro como Brahma a la persona que está en el fuego". Agatasatru le respondió: "¡No, no! No me hables así. Yo le adoro como el poderoso. Quien así le adora, se vuelve poderoso y su descendencia se hace invencible."

8. Gargya siguió: "Adoro como Brahma a la persona que está en el agua". Agatasatru le respondió; "¡No, no! No me hables así. Yo le adoro como la perfección. Quien así le adora, llega al estado supremo de perfección".

9. Gargya continuó: "Adoro como Brahma a la persona que está en el espejo". Agatasatru le respondió: "¡No, no! No me hables así. Yo le adoro en verdad como el brillo supremo. Quien así le adora, alcanza el supremo resplandor y su descendencia se llena de luz".

10. Gargya prosiguió: "Adoro como Brahma al sonido que sigue a un hombre cuando camina". Agatasatru le

respondió: "¡No, no! No me hables así. Yo le adoro en verdad como la vida. Quien así le adora, logra la plenitud en esta vida y el aliento vital no le deja en la hora de la muerte."

11. Gargya continuó "Adoro como Brahma a la persona que está en el espacio". Agatasatru le respondió: "¡No, no! No me hables así. Yo le adoro en verdad como el segundo que nunca nos abandona. A quien así le adora el tiempo no le abandona; ciertamente su descendencia no tiene fin."

12. Gargya prosiguió: "Adoro a Brahma en la persona que está en la sombra". Agatasatru replicó: "¡No, no! No me hables así. Yo le adoro como la muerte. Quien así le adora, llega a la edad madura en esta vida; verdaderamente la muerte no le atrapa en la juventud."

13. Gargya dijo: "Adoro a Brahma como la persona que está en el cuerpo". Agatasatru le respondió: "¡No, no! No me hables así. Yo le adoro como el poder supremo encarnado en un cuerpo humano. Quien así le adora, consigue la inmortalidad para él y su descendencia."

Entonces Gargya enmudeció:

14. Agatasatru inquirió: "¿No tienes más que decir?" "Nada Más", contestó aquel. "Esto no basta para conocer al verdadero Brahma", dijo Agatasatru. Entonces Gargya respondió: "Déjame ser tu discípulo."

15. Agatasatru replicó: "No es natural que un brahmín acuda a un Khatriya, para que le hable de Brahma. No obstante, yo te lo mostraré con claridad". Diciendo esto, le tomó del brazo y se fue con él.

Arribaron a un lugar donde había un hombre que dormía. Agatasatru le increpó con estos nombres: "Tú, grande, túnica blanca, Soma, Rey". Pero aquel no se levantó. Entonces, le frotó el cuerpo con la mano hasta que el hombre se despertó y se incorporó.

16. Agatasatru le preguntó: "Cuando este hombre estaba dormido, ¿dónde estaba la persona (el alma, purusha), el ser inteligente? ¿y de dónde ha vuelto?" Gargya no lo sabe.

17. El mismo Agatasatru respondió: "Cuando este

hombre se hallaba dormido, la persona inteligente (el alma, purusha), permanecía en el éter, que está en el corazón, junto al aliento, el habla, el oído y el ojo.

18. Pero, mientras duerme (o cuando sueña), sus mundos son otros. En ellos, él es un gran rey o un gran brahmín. Como un gran rey, puede regir sus propios asuntos y moverse según le place en su propio campo; de igual manera, la persona (el alma) se mueve a placer entre los sentidos (pranas) cuando el sueño no es tan profundo.

19. Pero cuando el sueño es muy profundo y no nota sensación alguna, sucede algo muy distinto. Existen setenta y dos mil arterias llamadas Hita que, desde el corazón, se extienden por todo el cuerpo. Mediante ellas se mueve la fuerza vital, dando verdadero descanso a todo el cuerpo. Y al igual que un joven, un gran rey o un gran brahmín que ha llegado a la cima de la felicidad, así él reposa en perfecta paz.

20. Como una araña que saca al exterior el hilo adherido al cuerpo, o como la chispa que sale del fuego, así todos los sentidos, todos los mundos, todos los Devas y todos los seres surgen del Ser. El Upanishad del Ser es la Verdad de las Verdades. En verdad los sentidos son la verdad, y el alma es la verdad de las verdades."

SEGUNDO BRAHMANA

1. En realidad quien conoce al niño en su verdadero aposento, mantiene alejados su palo y su cuerda de los siete[23] parientes que le odian. Por niño se entiende la vida interior, por lugar se entiende el cuerpo, por aposento se entiende la cabeza, por palo se entiende el aliento vital y por cuerda, la comida.

2. Así, los siete imperecederos[24] se aproximan a él. En

---

23 Los siete órganos de la cabeza, por los males el hombre percibe el mundo y queda atado a él.

24 Son llamados imperecederos, según Max Müller porque, al proporcionar alimento al "prana" o aliento vital, evitan que el cuerpo perezca.

su ojo están las líneas rojas, y por ellas Rudra[25] se ata a él. En el ojo está el agua y por ella Pargañua se ata a él. De la misma forma, Aditya (el sol), a través de la pupila, se ata también a él, e Indra[26] lo hace a través del globo ocular. Con las cejas y las pestañas el cielo también se ata a él. Quien sabe esto, consigue el alimento imperecedero.

3. Sobre esto hay un Sloka:

"Existe una taza que tiene la boca debajo y el fondo arriba. Gloria infinita llena esta taza a rebosar. En su labio se sientan los siete Rishis y la lengua, el octavo, comunica con Brahma."

4. Estos dos (los oídos) son los Rishis Gautama y Bharadvaga: el derecho, Gautama y el izquierdo, Bharadvaga. Estos dos (los ojos) son los Rishis Visvamitra y Gamadagni. Estos dos (los orificios nasales) son los Rishis Vasishtha y Kasyapa: el derecho Vashista, el izquierdo Kasyapa. La lengua es Atri, porque con la lengua tomamos el alimento, pues Atri se ha hecho para Atti, comer. Quien sabe esto, logra la gracia de que todo se convierta en su alimento."

TERCER BRAHMANA

1. Hay dos formas de Brahma, la material y la inmaterial, la mortal y la inmortal, la sólida y la fluida, Sat (el ser) y tya (eso). (Por tanto, la verdad se llama Sat-tya.)

2. Todo, salvo el aire y el firmamento, es material, mortal, sólido y definido. La esencia de lo material, que es mortal, sólido y definido, es el sol que brilla, pues él es la esencia de sat (lo definido).

3. Pero el aire y el firmamento son inmateriales, inmortales, fluidos e indefinidos. La esencia de lo inmaterial, inmortal, fluido e indefinido es el alma en el verdadero

---

25 Rudra o Shiva, Señor de los mundos que rige a las almas individuales y a la naturaleza primordial (prakriti).

26 Otro de los dioses védicos. Se le suele identificar como el dios de la lluvia.

ojo, pues ella es la esencia de tyad (lo indefinido). Hasta aquí cuanto refiere los Devas.

4. Ahora sigue lo que se refiere al cuerpo. Todo, excepto el aliento y el éter que está en el interior del cuerpo, es material, mortal, sólido y definido. La esencia de lo material; mortal, sólido y definido es el Ojo, pues es la esencia de Sat (lo definido).

5. Pero el aliento y el éter que está en el interior del cuerpo son inmateriales, inmortales, fluidos e indefinidos. La esencia de lo inmaterial, inmortal, fluido e indefinido es la persona en el ojo derecho, pues es la esencia de "tyad" (lo indefinido).

6. ¿Y qué apariencia tiene la persona (el alma)? Como una única, color del azafrán, como la lana blanca, como el cochinillo, como la llama del fuego, como el loto blanco, como el relámpago que repentinamente desgarra los cielos. Así pues, quien sabe esto alcanza la gloria suprema.

Después sigue la enseñanza (de Brahma) por medio de "¡No, No!"[27], pues no hay nada más elevado que esto. Si uno dice: 'Esto es ilusión esto no es la verdad", termina por alcanzar la Verdad de las Verdades.

CUARTO BRAHMANA

1. Cuando Yagñavalkya iba a entrar en otro estado, dijo a Maitréyi[28] "Me voy de mi casa (del bosque); así pues, lleguemos a un acuerdo entre tú y Katayani (mi otra esposa)."

2. Maitréyi respondió: "Mi señor, si toda esta tierra, llena de riqueza, fuera mía, ¿acaso esto me haría ser inmoral?" "No", replicó Yagñavalkya, "como la vida de los ricos, así será tu vida, pues no hay esperanza de inmortalidad a través de la riqueza".

27 Se refiere al método para alcanzar el conocimiento de la verdad que consiste en negar todo lo que es ilusión hasta llegar a lo verdadero.

28 Yagñvalkya tenía dos esposas, Maitréyi y Katayani. Maitréyi estaba unida a Brahma, pero Katayani tenía el mismo conocimiento que las demás mujeres.

3. Entonces Maitréyi exclamó: "¿Para qué quiero todo esto si con ello no voy a lograr la inmortalidad? Dime lo que mi Señor sabe de la inmortalidad."

4. Yagñavalkya replicó: "En verdad me eres querida, pues tus palabras están llenas de amor. Ven, siéntate, yo te lo explicaré; retén bien lo que te voy a decir".

5. Entonces dijo: "En verdad un esposo no es amado por su mujer, pues solo cuando se ama al Ser el esposo es amado de verdad. Ciertamente una esposa no es amada por su marido, solo cuando se ama al Ser la esposa es verdaderamente amada.

En realidad los hijos no son amados por sus padres, pues solo cuando se ama al Ser los hijos son queridos de verdad.

En verdad la riqueza no es amada por los ricos, pues solo cuando se ama al Ser la riqueza es verdaderamente querida.

Realmente la casta de los brahmines no es amada por ellos, pues solo cuando se ama al Ser, la casta de los brahmines es amada de verdad.

En verdad la casta de los Kshatra no es querida por ellos, pues solo cuando se ama al Ser la casta de los Kshatra es realmente querida.

En realidad los mundos no son amados por los hombres, pues solo cuando se ama al Ser los mundos son completamente queridos.

En verdad los Devas no son amados, pues solo cuando se ama al Ser los Devas son verdaderamente amados.

Verdaderamente las criaturas no son amadas, pues solo cuando se ama al Ser las criaturas son en verdad queridas.

Ciertamente no hay nada que puedas amar, pues solo cuando amas al Ser, todo se convierte en objeto de tu amor.

El Ser tiene que ser visto, oído, percibido y conocido, ¡oh, Maitréyi! Cuando vemos, oímos, percibimos y conocemos al Ser, todo lo demás es en verdad conocido.

6. Quien busque la casta de los brahmines fuera del Ser, habrá de ser abandonado por los demás brahmi-

nes. Quien busque la clase de los Kshatra fuera del Ser, deberá ser abandonado por los demás Kshatras. Quien busque a los Devas fuera del Ser, tendrá que ser abandonado por los demás Devas. Quien busque a las criaturas fuera del Ser, deberá ser abandonado por las demás criaturas. La casta de los brahmines, la casta de los brahmines, la casta de los Kshatra, los mundos, los Devas, las criaturas y todo lo que existe es el Ser.

7. Igual que los sonidos de un tambor cuando se toca no pueden ser atrapados físicamente, sino captados por el oído;

8. y al igual que los sonidos de una concha no pueden ser atrapados físicamente, sino captados por el oído;

9. y al igual que los sonidos de un laúd no pueden atraparse externamente, sino captados por el oído;

10. y al igual que las nubes de humo nacen solas de un fuego encendido con combustible húmedo, así, en realidad, oh, Maitréyi, ha surgido del aliento de este gran Ser lo que conocemos como Rig-veda, Yagur-veda, Samaveda, Atharvangirasas, Itihasa (leyendas), Purana (cosmogonías), Vidya (conocimiento), los Upanishads, Slokas (versos), Sutras (reglas de prosa), Anuvyakhyanas (glosas) y Vyakhyanas (comentarios). Únicamente de él nació la sabiduría.

11. Como las aguas hallan su centro en el mar, igual que el tacto se encuentra en la piel, todos los gustos en la lengua, todos los olores en la nariz, todos los colores en el ojo, todos los sonidos en el oído, todos los preceptos en la mente, todo el conocimiento en el corazón, todas las acciones en las manos, todos los movimientos en los pies, así, todos los Vedas se hallan en el habla.

12. Como un terrón de sal que, echado en el agua, se disuelve en ella y ya no puede agarrarse de nuevo, así, oh, Maitréyi, este gran Ser, infinito, ilimitado, no consiste en nada más que puro conocimiento; nace de estos elementos y se funde de nuevo con ellos. Cuando él desaparece, desaparece con él todo el conocimiento; así lo digo, oh, Maitréyi."

13. Entonces, Maitréyi exclamó: "Señor, me confunde lo que acabas de decir. ¿Por qué dices que cuando el Ser se va, ya no hay más conocimiento?"

Pero Yagñavalkya replicó: "Oh, Maitréyi, no digo nada que pueda confundir. En realidad, oh amada, el Ser es imperecedero, pues su naturaleza es indescriptible.

Cuando existe dualidad, uno ve al otro, uno huele al otro, uno oye al otro, uno saluda al otro, uno percibe al otro, uno conoce al otro; pero cuando el Ser está en la unidad esencial, ¿cómo puede ver a otro, cómo puede oír a otro, cómo puede saludar a otro, cómo puede percibirlo, cómo puede conocerlo? ¿Cómo se puede conocer a Aquel por el cual todo es conocido?"

QUINTO BRAHMANA

1. Esta tierra es la miel (madhu, el efecto)[29] de todos los seres, y todos los seres son la miel (el efecto) de esta tierra. Del mismo modo, la persona radiante e inmortal que está en esta tierra es la miel, y la persona radiante e inmortal que está en el cuerpo también es la miel. Ella es, en realidad, de la misma naturaleza que el Ser, el inmortal, Brahma, el Todo.

2. Esta agua es la miel de todos los seres, y todos los seres son la miel de esta agua. De igual manera, la persona radiante e inmortal que está en el agua, es la miel, y la persona brillante e inmortal que hay en el cuerpo en forma de semilla es también la miel. Ella es, en verdad, de la misma naturaleza que el Ser, el Inmortal, Brahma, el Todo.

---

29 "Madhu", miel. Parece que aquí está tomado como ejemplo de algo que es a la vez causa y efecto, o también como ejemplo de cosas; que dependen mutuamente una de otra, o que no pueden existir una sin la otra. Puesto que las abejas fabrican la miel y ésta sustenta a las abejas, las abejas y la miel son a la vez causa y efecto, o dependen completamente uno del otro. De igual forma sucede con la tierra y los seres que viven en ella. Esta filosofía se denomina Madhuvidya, la ciencia de la miel, que Dadhyak comunicó a los Asvins.

3. Este fuego es la miel de todos los seres, y todos los seres son la miel de este fuego. Así, esta persona brillante e inmortal que está en el fuego es la miel, y la persona radiante e inmortal que está en el cuerpo en forma de habla también es la miel. Ella es, en realidad, de la misma naturaleza que el Ser, el inmortal, Brahma, el Todo.

4. Este aire es la miel de todos los seres, y todos los seres son la miel de este aire. De igual modo, la persona radiante e inmortal que está en el aire es la miel, y la persona que está en el cuerpo en forma de aliento es también la miel. Ella es, verdaderamente, de la misma naturaleza que el Ser, el inmortal, Brahma el Todo.

5. Este sol es la miel de todos los seres, y todos los seres son la miel de este sol. De igual manera, la persona radiante e inmortal que está en el sol es la miel, y la persona que está en el cuerpo en forma de ojo es también la miel. Ella es, en verdad, de la misma naturaleza que el Ser, el inmortal, Brahma' el Todo.

6. El espacio es la miel de todos los seres, y todos los seres son la miel del espacio. De la misma forma, la persona brillante e inmortal que está en el cuerpo en forma de oído es también la miel. Ella es, realmente, de la misma naturaleza que el Ser, el Inmortal, Brahma, el Todo.

7. La luna es la miel de todos los seres, y todos los seres son la miel de la luna. De igual modo, la persona brillante e inmortal que está en la luna es la miel, y la persona que está en el cuerpo en forma de mente es también la miel. Ella es, en verdad, de la misma naturaleza que el Ser, el Inmortal, Brahma, el Todo.

8. El relámpago es la miel de todos los seres y todos los seres son la miel del relámpago. Igualmente, la persona brillante e inmortal que está en el relámpago es la miel y la persona que está en el cuerpo en forma de luz es también la miel. Ella es, en realidad, de la misma naturaleza que el Ser, el Inmortal, Brahma, el Todo.

9. El trueno es la miel de todos los seres, y todos los seres son la miel del trueno. De la misma manera, la persona que está en el trueno es la miel y la persona que está en el cuerpo en forma de sonido es también la miel.

Ella es, así, de la misma naturaleza que el Ser, el Inmortal, Brahma, el Todo.

10. El éter es la miel de todos los seres, y todos los seres son la miel del éter. De igual forma, la persona que está en el éter es la miel y la persona que está en el cuerpo en forma de mente es también la miel. Ella es, en verdad, de la misma naturaleza que el Ser, el Inmortal, Brahma, el Todo.

11. Esta ley (dharma) es la miel de todos los seres, y todos los seres son la miel de la ley. Del mismo modo, esta persona que está en la ley es la miel y la persona que está en el cuerpo en forma de ley es también la miel. Ella es, en realidad, de la misma naturaleza que el Ser, el Inmortal, Brahma, el Todo.

12. Esta verdad es la miel de todos los seres y todos los seres son la miel de esta verdad. De la misma manera, esta persona brillante e inmortal que está en la verdad, es también la miel y la persona inmortal, que es la verdad y está en este cuerpo, es también la miel. Ella es, en verdad, de la misma naturaleza que el Ser, el Inmortal, Brahma, el Todo.

13. El género humano es la miel de todos los seres, y todos los seres son la miel del género humano. Igualmente, esta persona brillante e inmortal que está en el género humano es la miel y la persona inmortal que está en el cuerpo en forma de hombre es también la miel. Ella es, verdaderamente, de la misma naturaleza que el Ser, el Inmortal, Brahma, el Todo.

14. Este Ser es la miel de todos los seres, y todos los seres son la miel de este Ser. De igual forma, la persona que está en el Ser es la miel y la persona inmortal que está en el Ser es también la miel. Ella es, en verdad, de la misma naturaleza que el Ser, el Inmortal, Brahma, el Todo.

15. En realidad este Ser es el Señor y rey de todos los seres. Y al igual que todos los radios son contenidos en el piñón de la rueda, así todas las criaturas y sus seres (de la tierra, del agua, etcétera) están contenidos en este Ser.

16. En verdad, Dadhyak Athavvana proclamó esta

miel (madhuvidya) a los dos Asvins y un sabio, al ver esto, dijo:

"¡Oh! vosotros, los dos héroes (Asvins), declaro que vuestras nobles acciones son como el rayo, que hace que la lluvia haga su aparición. La miel (madhu-vidya) que Dadhyak Atharvana proclamó a vosotros a cambio de la cabeza de un caballo..."

17. En verdad Dadhyak Atharvana proclamó esta miel a los dos Asvins, y un Rishi, al ver esto, exclamó:

"Oh, Asvins, disteis la cabeza de un caballo a Atharvana y él, fiel a su promesa, os reveló la verdadera miel, que es el Conocimiento del Ser."

18. En realidad, Dadhyak Atharvana proclamó esta miel a los dos Asvins, y un sabio, al ver esto, dijo:

"El (el Señor) hizo cuerpos de dos pies y cuerpos de cuatro pies. Transformándose primero en pájaro, entró en los cuerpos como purusha (la persona, el alma). Este mismo purusha se encuentra en todos los cuerpos (por lo cual se le llama purusha). No hay nada que no sea cubierto o llenado por él.

19. En verdad Dadhyak Atharvana proclamó esta miel a los dos Asvins, y un sabio, al ver esto, exclamó:

"Él (el Señor) tomó todas las formas de las criaturas vivientes para que, mediante ellas, el hombre pudiera conocer su verdadera forma (el Âtman o alma). Así, pues, Indra (el Señor) se manifiesta de múltiples formas a través de las mayas (apariencias), pues sus caballos (los sentidos) están bajo yugo y son ciento diez.

Este (Âtman) es los caballos, este (Âtman) es los diez', y los infles, múltiples e infinitos. Este es Brahma, sin causa y efecto, sin nada dentro o fuera; este Ser es Brahma, omnipresente y omnisciente. Esta es la enseñanza (de los Upanishad).

SEXTO BRAHMANA

1. Esta es la relación (de maestros y discípulos a través de los cuales fue transmitido el cuarto Brahmana):

1. Pautimashya de Gaupavana,
2. Gaupavana de Pautimashya,
3. Pautimashya de Gaupavana,
4. Gaupavana de Kausika,
5. Kausika de Kaundinya,
6. Kaundinya de Sandilya,
7. Sandilya de Kausika y Gautama,
8. Gautama,

2. de Agniverya,

9. Agnivesya de Sandiya y Anabhimlata,
10. Sandilya y Anabhimlata de Anabhimlata,
11. Anabhimlata de Anabhimlata,
12. Anabhimlata de Gautama,
13. Gautama de Saitava y Prakinayogya,
14. Saitava y Prakinayogya de Parasarya,
15. Parasarya de Bharadvaga,
16. Bharadvaga de Bharadvaga y Gautama,
17. Gautama de Bharadvaga,
18. Bharadvaga de Parasarya,
19. Parasarya de Vaigavapayana,
20. Vaigavapayana de Kausikayani,
21. Kausikayani de Ghritakausika,
22. Ghritakausika de Parasaryayana,
23. Parasaryayana de Pararsarya,
24. Parasarya de Gatukamya,
25. Gatukarnya de Asurayana y Yaska,
26. Asurayana y Yaska de Traivani,
27. Traivani de Aupagandhani,
28. Aupagandhani de Asuri,
29. Asuri de Bharadvaga,
30. Bharadvaga de Atreya,
31. Atreya de Manti,
32. Manti de Gautama,
33. Gautama de Gautama,
34. Gautama de Vatsya,
35. Vatsya de Sandilya,

36. Sandilya de Kaisorya Kapya,

37. Kaisorya Kapya de Kumaraharita,

38. Kumarharita de Galava,

39. Galava de Vidarbhi-kaundinya,

40. Vidarbhi-kaundinya de Vatsanapat Babhrava,

41. Vatsanapat Babhrava de Pathi Saubhara,

42. Pathi Saubhara de Ayasya Angirasa,

43. Ayasya Angirasa de Abhuti Tvashtra,

44. Abhuti Tvashtra de Visvarupa Tvashtra,

45. Visvarupa Tvashtra de Asvinau,

46. Asvinau de Dadhyak Atharvana,

47. Dadhya, Atharvana de Atharvan Daiva,

48. Atharvan Daiva de Mrityu Pradhvamsana,

49. Mrityu Pradhvamsana de Pradhavamsana,

50. Pradhvamsana de Ekarshi,

51. Ekarshi de Viprakitti,

52. Viprakitti de Vyashti,

53. Vyashti de Sanaru,

54. Sanaru de Sanatana,

55. Sanatana de Sanaga,

56. Sanaga de Parameshthin,

57. Parameshithin de Brahma,

58. Brahma es Svayambhu, el auto-existente. Adoración a Brahma.

TERCER ADHAYA

PRIMER BRAHMANA

¡Adoración al Ser Supremo (Paramatman)!

1. Ganaka Vaideha (el rey de los Videhas) ofreció un sacrificio en el que había muchos presentes para los sacerdotes (de los Asvamedha). Los brahmines de los Kurus y de los Pankalas fueron al lugar del sacrificio, por lo que Ganaka Vaideha quiso saber quién de aquellos brahmines era el más instruido. Así pues, apartó mil vacas, y diez "padas" (de oro) se ataron a cada par de cuernos.

2. Ganaka, entonces, se dirigió a ellos: "Oh, venerables brahmines, a quien de vosotros sea el más sabio (en el conocimiento de Brahma) dejaré que se quede estas vacas".

Ni un solo brahmín se atrevió a moverse, salvo Yagñavalkya, que dijo a su discípulo: "Llévate estas vacas, estimado discípulo".

Aquel replicó: "¡Gloria a Saman!" y las retiró tal y como su maestro le había ordenado.

Los brahmines se enfadaron y exclamaron: "¿Cómo puede atreverse este a pensarse el más sabio de todos nosotros?"

Entonces, Asvala, el sacerdote de Ganaka Vaideha le preguntó: "¿De verdad eres el más sabio de todos nosotros, oh, Yagñavalkya?" Aquel replicó: "Me inclino ante el más sabio de todos vosotros (en el conocimiento de Brahma), pero realmente deseo tener estas vacas".

Entonces, Asvala, el sacerdote Hotri, le hizo la siguiente pregunta:

3. "Yagñavalkya", dijo "todo cuanto está aquí preparado para el sacrificio será destruido un día por la muerte, pues no nada hay que escape a sus garras. ¿Por qué medio, pues, el sacerdote que ofrece los sacrificios puede escapar de la muerte?"

Yagñavalkya respondió: "Por medio del sacerdote Hotri, que es Agni (el fuego), que es la palabra, pues la palabra es el Hotri del sacrificio (o del sacrificador), y la palabra es Agni, y él es el Hotri.

4. "Yagñavalkya", prosiguió aquel, "todo lo que está aquí está sujeto al día y la noche, pues no hay nada que no sea alcanzado por estos. ¿Por qué medio, pues, el sacerdote que ofrece los sacrificios puede escapar del alcance del día y la noche?" Yagñavalkya respondió: "Por medio del sacerdote Adhvarya, que es Aditya (el sol). Pues el ojo es el Adhvarya del sacrificio, y el ojo es el sol, y él es el Adhvarya. En esto radica la libertad, la perfecta liberación."

5. "Yagñavalkya", continuó aquel, "todo lo que aquí está preparado para el sacrificio está sujeto al crecer y

decrecer de la luna ¿Por qué medio, pues, el sacerdote que ofrece los sacrificios puede ser liberado de las influencias del crecer y decrecer de la luna?"

Yagñavalkya respondió: "A través el sacerdote Udgatri, que es Vaya (el viento), que es el aliento. Pues el aliento es el Udgatri del sacrificio, y el aliento es el viento, y él es el Udgatri. En esto consiste la libertad, la perfecta liberación."

6. "Yagñavalkya" prosiguió aquel, "este cielo no tiene, ni ha tenido, una escalera. ¿Por qué medio, pues, el sacerdote que ofrece los sacrificios puede dirigirse al mundo celestial?"

Yagñavalkya respondió: "A través el sacerdote brahmín, que es la mente (manas), que es la luna. Pues la mente es el Brahma del sacrificio, y la mente es la luna y ella es Brahma. En esto consiste la libertad, la perfecta liberación. En realidad todos estos son los medios de librarse de la muerte.

7. "Yagñavalkya", siguió preguntando aquel, "¿cuántos versos Rik usará el sacerdote Hotri en el sacrificio de hoy?"

"Tres", replicó Yagñavalkya.

"¡Y cuáles de estos tres?"

"Aquellos que son llamados Puronuvakya, Yagyay Sasya."

"¿Qué se logra con ellos?"

"Todo lo que respira."

8. Yagñavalkya, ¿cuántas oblaciones llevará a cabo el sacerdote Adhvaryu en este sacrificio de hoy?"

"Tres" respondió Yagñavalkya.

"Y cuáles de estas tres?"

"Aquellas que en el sacrificio se queman completamente, aquellas que en el sacrificio hacen demasiado ruido; aquellas que en el sacrificio se hunden."[30]

"¿Qué se consigue con ellas?"

---

30 Estas oblaciones consisten en madera y aceite, en carne y lecho y Soma. La primera, madera y aceite, arde por completo al ser echada en el fuego; la segunda, carne, en contacto con el fuego produce un ruido característico, y la tercera, que consiste en leche, Somas, etcétera, se hunde en la tierra.

"A través de aquellos que, al ser ofrecidos, se queman por completo, se consigue el mundo de los dioses, pues el mundo de los dioses (los Devas) se quema también por completo. Mediante aquellos que, al ser ofrecidos, hacen demasiado ruido, se logra el mundo de los antepasados (Pitri), pues el mundo de los antepasados es excesivamente ruidoso. A través de aquellos que, cuando son ofrecidos, se hunden (en la tierra), se obtiene el mundo de los hombres (Manushya), pues el mundo de los hombres está debajo de los dos anteriores."

9. "Yagñavalkya" dijo aquel, "¿con cuántas deidades el sacerdote brahmín que está a la derecha protegerá hoy este sacrificio?"

"Con una", replicó Yagñavalkya.

"¿Cuál es?"

"La mente, pues la mente es infinita, y los Visvedevas son infinitos, por lo cual, invocándoles, se logra el mundo infinito."

10. "Yagñavalkya", prosiguió aquel, "¿cuántos himnos usará hoy el sacerdote Udgatri en este sacrificio?"

"Tres", replicó Yagñavalkya.

"¿Cuáles?"

"Aquellos que se llaman Puronuvakya, Yagya y Sasya."[31]

"¿Y cuál de estos actúa en el cuerpo (adhyatman)?"

"El Puronuvakya actúa en la inspiración, el Yagya en la exhalación y Vyana, en el aliento vital."

"¿Qué se consigue con ellos?"

"Se obtiene la tierra a través el Puronuvakya, el firmamento mediante el Yagya y el cielo mediante el Sasya."

Tras esto, Asvala dejó de preguntar.

SEGUNDO BRAHMANA

1. Entonces Garatkarava Artabhaga preguntó. "Yag-

---

31 Los puronuvakyas son himnos que se recitan antes del sacrificio; los Yagyas acompañan al sacrificio y los Sasyas se recitan para los Shastras. Los tres son llamados Stotriyas.

ñavalkya", dijo aquel "¿cuántos Grahas hay y cuántos Atigraphas?"[32]

"Ocho Grahas", respondió, "y ocho Atigrahas".

"¿Cuáles son?"

2. "Prana (la respiración) es un Graha, y lo que se capta por Apana (inhalación) es su Atigraha, pues se huele con el Apana.

3. El habla (vak) es un Graha, y lo que es captado por el nombre (naman) es su Atigraha, pues con el habla se pronuncian los nombres.

4. La lengua es un Graha, y lo que se capta por el gusto es su Atigraha, pues con la lengua se perciben los sabores.

5. El ojo es un Graha, y lo que es captado por la forma es su Atigraha, pues con el ojo se ven las formas.

6. El oído es un Graha, y lo que se capta por el sonido es su Atigraha, pues con el oído se escuchan los sonidos.

7. La mente es un Graha, y lo que es captado por el deseo es el Atigraha, pues con la mente se piden los deseos.

8. Los brazos son un Graha, y lo que se capta por el trabajo es su Atigraha, pues con los brazos se hacen las acciones.

9. La piel es un Graha, y lo que es captado por el tacto es su Atigraha, pues con la piel se percibe el tacto. Estos son los ocho Grahas y los ocho Atigrahas."

10. "Yagñavalkya" dijo aquel, "todo es comida de la muerte. ¿Cuál es, pues, la deidad para la que la muerte es comida?

"El fuego (agni) es la muerte, la cual es la comida del agua. La muerte, pues, es conquistada de nuevo."

11. "Yagañavalkya", dijo aquel, "cuando una persona perece, ¿los alientos vitales (pranas) salen de él o no?"

---

32 "Graha" suele significar una vasija para las oblaciones del sacrificio. Sin embargo aquí está tomado en el significado secundario del que toma o capta, es decir, un órgano de percepción de los sentidos, mientras que "atigraha" es tomado en el sentido de lo que es aprehendido o captado, es decir, un objeto de la percepción de los sentidos.

"No", replicó Yagañavalkya, "continúan en él, pues el aliento de la inhalación mantiene el cuerpo hinchado, y así, hinchado, el cuerpo descansa en paz."

12. "Yagñavalkya", dijo aquel, "cuando un hombre muere, ¿qué es lo que no le abandona?"

"El nombre", replicó, "pues el nombre es infinito y los Vis vedevas son infinitos; en realidad, a través del Nombre llega al mundo infinito."

13. "Yagñavalkya", dijo a aquel, "cuando el habla de alguien fallecido entra en el fuego, el aliento o en el aire, el ojo en el sol, la mente en la luna, el oído en el espacio, el cuerpo en la tierra, el éter en el ser, los cabellos en los árboles, el vello del cuerpo en los arbustos, cuando la sangre y la semilla se depositan en el agua, ¿dónde queda entonces la persona?"

Yagñavalkya respondió: "Toma mi mano, amigo mío. Los dos sabremos esto a solas, pues esta cuestión no va a ser tratada en público". Entonces, ambos se fueron y hablaron a solas durante mucho tiempo, y de lo que hablaron fue del Karma (las acciones), y lo que alabaron fue el Karma[33] es decir, que un hombre se vuelve bueno por sus buenas acciones y malo por sus malas acciones. Tras eso Garatkarava Artabhaga dejó de preguntar.

TERCER BRAHMANA

1. Entonces, Bhugyu Lahyayani pregunto: "Yagñavalkya" dijo aquel, "vagando como discípulos, fuimos a la casa de Patankala Kapya. Aquel tenía una hija que estaba poseída por un Gandharva. Le preguntamos: '¿Quién eres tú?' y él (el Gandharva) contestó: 'Soy Sudhanvan, el Angirasa'. Y cuando le preguntamos acerca del principio y fin del mundo, le dijimos: '¿A dónde fueron los Parikshitas? A dónde fueron los Parikshitas, es

---

33 El sentido de este pasaje, según Max Müller, es que el "samsara" o estado de liberación sigue presente en el Karma o acciones de un ser que ya lo ha obtenido, pues el Karma o acciones en sí mismas nunca conducen al estado de liberación.

lo que yo te pregunto a ti, Yagñavalkya: ¿A dónde fueron pues, los Parikshitas?"

2. Yagñavalkya respondió: "Supongo que él te dijo que fueron a donde van los que han hecho el sacrificio de un caballo".

Aquel replicó: "¿Y a dónde van aquellos que han realizado el sacrificio de un caballo?"

Yagñavalkya respondió: "Treinta y tres jornadas del carro del sol es este mundo. La tierra lo rodea por cada lado dos veces y el océano, a su vez, rodea a esta tierra por cada lado otras dos veces. Entre ellos hay un espacio tan grande como el filo de una navaja o el ala de un mosquito. Indra, transformándose en pájaro, los entregó (mediante el espacio) a Vayu (el aire), el que los llevó en sus brazos y los envió a donde habitan aquellos que han hecho un sacrificio de caballo. Por tanto, el mismo Indra alabó a Vayu de esta manera. Vayu (el aire) es todo en sí mismo y Vayu es todas las cosas juntas. Quien sabe esto, conquista la muerte". Tras esto Bhugyu Lahyagani dejó de preguntar.

CUARTO BRAHMANA

1. Entonces, Ushasta Kakrayana preguntó: "Yagñavalkya" dijo, "háblame de Brahma, aquel que es visible e invisible, el Ser que está dentro de todo".

Yagñavalkya replicó: "Esto, tu Ser, que está dentro de todo".

"¿Qué Ser, oh, Vagñavalkya, se halla dentro de todo?"

Yagñavalkya replicó: "El que está en todas tus respiraciones está en tu Ser y se encuentra en el interior de todo.

2. Ushasta Kakrayana replicó: "Entonces puede tratarse de una vaca o un caballo, según tú lo has explicado. Háblame de Brahma, aquel que es visible e invisible, el Ser que está en el interior de todo".

Yagñavalkya replicó: "Esto, tu Ser, que está dentro de todo".

"¡Qué Ser, oh, Vagñavalkya, se halla dentro de todo?"

Yagñavalkya replicó: "Tú no fuiste capaz de ver al verdadero ser que ve con la vista, tú no pudiste oír al (verdadero) ser que oye con el oído, ni pudiste percibir al verdadero ser que percibe todas las sensaciones, ni conocer al conocedor del Conocimiento. Este es tu Ser, que se halla dentro de todo. Todo lo demás es ilusión".

Tras esto Ushasta Kakrayana dejó de preguntar.

QUINTO BRAHMANA

Entonces, Kahola Kaushitakeya preguntó. "Yagñavalkya", dijo, "háblame de Brahma, aquel que es visible e invisible, el Ser (âtman) que se encuentra en el interior de todo".

Yagñavalkya respondió: "Esto, tu Ser, que está dentro de todo".

"¿Qué Ser, oh, Vagñavalkya, se halla dentro de todo?"

Yagñavalkya respondió: "El que está más allá del hambre y la sed, de la tristeza, de la vejez y de la muerte. Cuando los brahmines conocen a ese Ser y consiguen elevarse sobre el deseo de tener hijos, riqueza y fama, caminan errantes como mendigos. Pues el deseo de tener hijos es el deseo de riqueza, y el deseo de riqueza es el deseo de fama. Todos ellos son deseos. Por tanto, un brahmín, después de acumular conocimientos, debe poseer la verdadera fuerza, tras lo que se convierte en un Muni (yogui); y cuando sabe diferenciar el verdadero Conocimiento de un Muni de todo cuanto es falso, se convierte en un brahmín. Este es su verdadero estado. Todo lo demás es falso". Tras esto, Kahola Kaushitakeya dejó de preguntar.

SEXTO BRAHMANA

1. Entonces, Gargi Vakaknavi preguntó: "Y Yagñavalkya", dijo aquella, "todo lo que está aquí está tejido e

hilado del mismo modo en que se teje una tela, en agua. ¿Qué es, pues, aquello con lo que el agua está tejida e hilada?"

"El aire, oh, Gargi" replicó aquel.

"¿De qué, pues, está tejido el aire?"

"De los mundos del firmamento, oh, Gargi", respondió aquel.

"¿De qué están tejidos los mundos del firmamento entonces?"

"De los mundos de los Gandharvas,[34] oh, Gargi", respondió aquel.

"¿De qué están tejidos los mundos de los Gandharvas?"

"De los mundos de Aditya (el sol), oh Gargi", respondió aquel.

"¿De qué están tejidos los mundos de Aditya (el sol)?"

"De los mundos de Kandra (la luna), oh Gargi."

"¿De qué están tejidos los mundos de Kandra (la luna)?"

"De los mundos de los Nakshatras (las estrellas), oh Gargi".

"¿De qué están tejidos los mundos de los Nakshatras (las estrellas)?"

"De los mundos de los Devas (dioses).

"¿De qué están tejidos los mundos de los dioses?"

"De los mundos de Indra, oh Gargi."

"<¡De qué están tejidos los mundos de Indra?"

"De los mundos de Pragapati, oh Gargi."

"¿De qué están tejidos los mundos de Pragapati?"

"De los mundos de Brahma, oh Gargi. "

"¿De qué están tejidos los mundos de Brahma?"

Yagñavalkya respondió: "Oh Gargi, no preguntes demasiado[35] si no quieres que se te caiga la cabeza. Preguntas mucho sobre una deidad de quien no debemos hacer muchas preguntas. Tras eso Gargi Vakaknavi dejó de preguntar.

---

34 Una antigua raza de reyes que desapareció de la tierra.

35 Según el comentarista, las preguntas sobre Brâhma deben ser respondidas únicamente por las escrituras, y no mediante discusión.

SÉPTIMO BRAHMANA

1. Entonces Uddalaka[36] preguntó: "Yagñavalkya" dijo aquel, "estábamos entre los Madras en las casas de Patañkala Kapya, estudiando el sacrificio. Su mujer estaba poseída por un Gandharva y le preguntamos: "¿Quién eres?" Aquel respondió: "Soy Kabandha Atharvana". Y dijo a Patañkala Kapya y a sus discípulos: "¿Conoces, Kapya, el hilo por el que este mundo y el otro mundo y todos los seres se entrelazan?" Patañkala Kapya respondió: "No lo sé". Aquel dijo de nuevo a Patañkala Kapya y a (nosotros) los discípulos: "¿Conoces, Kapya, al rey que reina en este mundo y en el otro mundo y en todos los seres?" Patañkala respondió: "No lo conozco". Aquel dijo de nuevo a Patañkala Kapya y a (nosotros) los discípulos: "Oh Kapya, el que conoce aquel hilo y el que tira de él, conoce a Brahma, conoce los mundos, conoce a los Devas, conoce los Vedas, conoce los Bhutas (criaturas), conoce al Ser, sabe todo. Esto les dijo (el Gandharva) y yo lo sé. Si tú, oh, Yagñavalkya sin conocer ese cordel y el que tira de él, te llevas las vacas de Brahma (las vacas ofrecidas como premio al mejor conocedor de Brahma), tu cabeza se desprenderá de tu cuerpo."

Yagñavalkya respondió: "Oh, Gautama, creo conocer el hilo y al que tira de él".

El otro replicó: "Cualquiera puede decir: 'Lo conozco, lo conozco'. Dime, entonces, lo que de verdad sabes".

2. Yagñavalkya dijo: "Vayu (el aire) es ese hilo, oh, Gautama. Por el aire, igual que por un hilo, este mundo y el otro mundo, y todas las criaturas están entrelazadas. Por tanto, oh, Gautama, la gente dice de una persona que sus órganos se han desatado; pues por el aire, igual que por un hilo, estaban enlazados".

El otro replicó: "Así es, oh, Yagñavalkya Dime ahora quién es el que tira de él".

3. Yagñavalkya respondió: "Aquel que habita en la tie-

---

36   Aparecerá poco después con el nombre de Gautama.

rra y dentro de la misma, a quien la tierra no conoce, cuyo cuerpo es esta, aquel que reina la tierra desde su interior, es tu Ser, el que gobierna en tu interior, el inmortal.

4. El que habita en el agua y dentro del agua, a quien el agua no conoce, cuyo cuerpo es el agua, aquel que tira del hilo (gobierna) en el interior del agua es tu Ser, Él es el que tira del cordel (gobierna) en tu interior, el inmortal.

5. El que mora en el fuego y dentro del fuego, a quien el fuego no conoce, cuyo cuerpo es el fuego, aquel que tira del cordel (gobierna) dentro del fuego es tu Ser, Él es el que tira del hilo (gobierna) en tu interior, el inmortal.

6. El que vive en el firmamento y dentro del firmamento, a quien el firmamento no conoce, cuyo cuerpo es el firmamento, aquel que tira del hilo gobierna en el interior del firmamento, es tu Ser, el que tira del cordel reina en tu interior, el inmortal.

7. El que habita en el aire (vayu) y dentro del aire, a quien el aire no conoce, cuyo cuerpo es el aire, aquel que tira del cordel (gobierna) en el interior del aire, es tu Ser, el que tira del hilo (reina) en tu interior, el inmortal.

8. El que mora en el cielo (dyu) y dentro del cielo, a quien el cielo no conoce, cuyo cuerpo es el cielo, aquel que tira del hilo (gobierna) en el interior del cielo, es tu Ser, el que tira del cordel (gobierna) dentro de ti, el inmortal.

9. El que habita en el sol (aditya) y dentro del sol, a quien el sol no conoce, cuyo cuerpo es el sol, aquel que tira del cordel (gobierna) en el interior del sol, es tu Ser, el que tira del hilo (gobierna) en tu interior, el inmortal.

10. El que vive en el espacio (disah) y dentro del espacio, a quien el espacio no conoce, cuyo cuerpo es el espacio, aquel que tira del hilo (gobierna) en el interior del espacio, es tu Ser, el que tira del cordel (reina) en tu interior, el inmortal.

11. El que mora en la luna y las estrellas (Kandra-ta-rakam) y dentro de la luna y las estrellas, a quien la luna y las estrellas no conocen, cuyo cuerpo es la luna y las estrellas, aquel que tira del hilo en el interior de la luna

y las estrellas, es tu Ser, el que reina en tu interior, el inmortal.

12. El que vive en el éter (akasa) y dentro del éter, a quien el éter no conoce, cuyo cuerpo es el éter, aquel que tira del hilo (gobierna) en el interior del éter, es tu Ser, el que tira del cordel (reina) en tu interior, el inmortal.

13. El que mora en la oscuridad (tamas), y dentro de la oscuridad, a quien la oscuridad no conoce, cuyo cuerpo es la oscuridad, aquel que tira del cordel (gobierna) en el interior de la oscuridad, es tu Ser, que reina en tu interior, el inmortal.

14. El que habita en la luz (tegas) dentro de la luz, a quien la luz no conoce, cuyo cuerpo es la luz aquel que tira del cordel (reina) en el interior de la luz, es tu Ser, que tira del hilo (gobierna) en tu interior, el inmortal."

Esto es todo cuanto concierne a los dioses (adhidaivatam); lo que sigue hace referencia a los seres (adhibhutam).

15. Yagñavalkya prosiguió: "El que vive en todos los seres, y dentro de todos los seres, a quien todos los seres no conocen, cuyo cuerpo son todos los seres; aquel que tira del hilo (gobierna) en todos los seres desde su interior, es tu Ser, que tira del cordel (reina) en tu interior, el inmortal.

16. El que mora en el aliento (prana) y dentro del aliento, a quien el aliento no conoce, cuyo cuerpo es el aliento, aquel que tira del cordel (reina) el aliento desde su interior, es tu Ser, que tira del hilo (gobierna) en tu interior, el inmortal.

17. El que habita en la lengua (vak), y dentro de la lengua, a quien la lengua no conoce, cuyo cuerpo es la lengua, aquel que tira del hilo (gobierna) en el interior de la lengua, es tu Ser que tira del cordel (gobierna) en tu interior, el inmortal.

18. El que mora en el ojo, y dentro del ojo, a quien el ojo no conoce, cuyo cuerpo es el ojo, aquel que tira del hilo (gobierna) en el interior del ojo es tu Ser, que tira del cordel (reina) en tu interior, el inmortal.

19. El que habita en el oído, y dentro del oído, a quien

el oído no conoce, cuyo cuerpo es el oído, aquel que tira del cordel (reina) en el interior del oído, es tu Ser, que tira del hilo (gobierna) en tu interior, el inmortal.

20. El que vive en la mente, y dentro de la mente, a quien la mente no conoce, cuyo cuerpo es la mente, aquel que tira del hilo (gobierna) en el interior de la mente, es tu Ser, que tira del cordel (reina) en tu interior, el inmortal.

21. El que mora en la piel, y dentro de la piel, a quien la piel no conoce, cuyo cuerpo es la piel, aquel que tira del hilo (gobierna) en el interior de la piel, es tu Ser, que reina en tu interior, el inmortal.

22. El que vive en el Conocimiento, y dentro del Conocimiento, a quien el Conocimiento no conoce, cuyo cuerpo es el Conocimiento, aquel que tira del hilo (reina) en el interior del Conocimiento, es tu Ser, que gobierna en tu interior, el inmortal.

23. El que habita en la semilla, y dentro de la semilla, a quien la semilla no conoce, cuyo cuerpo es la semilla, aquel que tira del hilo (gobierna) en el interior de la semilla, es tu Ser, que reina en tu interior, el inmortal; no se le ve, pues es la visión; no se le oye, pues es el sonido; no se le percibe, pues es la percepción; no se le conoce, pues es el Conocimiento. Él es la única visión, el único sonido, la única percepción, el único Conocimiento. Esto es tu Ser, que tira del hilo (gobierna) en tu interior, el inmortal. Todo lo demás es ilusión." Después de esto, Uddalaka dejó de preguntar.

OCTAVO BRAHMANA

1. Entonces Vakaknavi dijo: "Venerables brahmines, voy a hacerle dos preguntas. Si de verdad logra contestarlas, ninguno de vosotros, creo, será capaz de ganarle en ninguna otra discusión en lo que se refiere a Brahma".

Yagñavalkya respondió: "Pregunta, oh, Gargi".[37]

2. Aquella dijo: "Oh, Yagñavalkya igual que el hijo de un guerrero de los Kasis o Videhas tensa el arco y,

---

37 Se refiere a Gargi Vakaknavi, no a la mujer de Yagñvalkya.

agarrando dos flechas bien afiladas, se prepara para la batalla, así me preparo yo para luchar contigo con dos preguntas. Responde a estas preguntas".

Yagñavalkya repuso: "Pregunta, oh, Gargi".

3. Aquella dijo: "Oh, Yagñavalkya aquello que dicen que está más arriba de los cielos y más abajo de la tierra, que contiene el cielo y la tierra, el pasado, el presente y el futuro dime, entonces, ¿de qué está tejido?"

4. Yagñavalkya respondió: "Aquello que dicen que está más arriba de los cielos y más abajo de la tierra, que contiene el cielo y la tierra, el pasado, el presente y el futuro, está tejido de éter (akasa)."

5. Aquella exclamó: "Me inclino ante ti, oh, Yagñavalkya pues has resuelto esta pregunta. Prepárate para la segunda".

Yagñavalkya repuso: "Pregunta, oh, Gargi".

6. Aquella prosiguió: "Oh, Yagñavalkya aquello que dice que está más arriba de los cielos y más abajo de la tierra, que contiene el cielo y la tierra, el pasado, el presente y el futuro dime, entonces, ¿de qué está tejido?"[38]

7. Yagñavalkya respondió: "Aquello que dicen que está más arriba de los cielos y más abajo de la tierra, que contiene el cielo y la tierra, el pasado, el presente y el futuro, está tejido de éter"

Gargi replicó: "¿De qué está, entonces, tejido el éter?"

8. Aquel repuso: "Oh, Gargi, los brahmines llaman a esto el Akshara (lo imperecedero). No es áspero ni fino, ni corto ni largo, ni rojo (como el fuego) ni fluido (como el agua); no tiene sombra, ni oscuridad, ni aire, ni éter, ni se pega a nada; no tiene sabor, ni olor, ni ojos, ni oídos, ni habla, ni mente, ni fuerza, ni aliento, ni boca (o puerta), ni medida; no tiene interior o exterior, no devora nada ni nadie le devora a él.

9. Por mandato de Akshara (el imperecedero), oh, Gargi, el sol y la luna están separados. Por mandato de Akshara, oh, Gargi el cielo y la tierra también lo están. Por mandato de Akshara, oh, Gargi, lo que llamamos mo-

---

38 Esta repetición de la pregunta anterior no aparece en el texto Madhy andina.

mentos (nimesha), horas (muhurta), días y noches, medio meses, meses, estaciones y años, están separados. Por mandato de Akshara, oh, Gargi, algunos ríos fluyen hacia el Este desde las montañas blancas y otros al Oeste o en cualquier otra dirección. Por mandato de Akshara, oh, Gargi los hombres alaban a los santos, a los antepasados y a los dioses.

10. Oh, Gargi, quien ofrece sacrificios y practica austeridades en este mundo a lo largo de mil años sin conocer a Akshara (el imperecedero), verá entristecido cómo sus obras llegarán a su fin. Quien, sin conocer a Akshara, deja este mundo no es más que un esclavo de él. Pero, oh, Gargi, quien abandona este mundo conociendo a Akshara es un verdadero Brahmín.

11. Ese Brahma, oh, Gargi, no puede verse, pues es la visión; no se puede oír, pues es el oído; no puede percibirse, pues es la percepción; no se puede conocer, pues es el Conocimiento. No hay nada que se pueda ver, pues él es la única visión; nada que se pueda oír, pues él es el único sonido; nada que se pueda percibir, pues él es el único Conocimiento. En ese Akshara, oh, Gargi, se envuelve el éter como el tejido de una tela."

12. Entonces, exclamó Gargi: "Venerables brahmines, podéis consideraros muy grandes si se os permite postraros ante él. Nadie, creo con firmeza, le ganará en ningún argumento referente a Brahma". Tras esto, Vakaknavi dejó de preguntar.

NOVENO BRAHMANA

1. Entonces Vidagdha Sakalya le preguntó: "¿Cuántos dioses hay, oh, Yagñavalkya?" Aquel respondió con este himno: "Tantos como se hace mención en el himno de alabanza dirigido a los Visdevas, es decir, tres y trescientos, tres y tres mil".

"Sí", asintió él, y preguntó de nuevo: "¿Cuántos dioses hay en verdad, oh, Yagñavalkya?"

"Treinta y tres", contestó aquel.

"Sí", asintió, y preguntó otra vez: "¿Cuántos dioses hay en realidad, oh, Yagñavalkya?"

"Seis", respondió aquel.

"Sí", dijo, y preguntó de nuevo ¿Cuántos dioses hay en verdad, oh, Yagñavalkya?"

"Tres", respondió aquel.

"Sí" asintió de nuevo: "¿Cuántos dioses hay en verdad, oh, Yagñavalkya?"

"Uno y medio (adhyarda)" respondió aquel.

"Sí" replicó y preguntó de nuevo de nuevo: "¿Cuántos dioses hay realmente, oh, Yagñavalkya?"

"Uno", repuso él.

"Sí", replicó y preguntó de nuevo: "¿Quiénes son estos tres y trescientos, tres y tres mil?"

2. Yagñavalkya respondió: "Son solo distintos poderes que nacen de ellos, en realidad solo hay treinta y tres dioses".

Aquel preguntó: "¿Quiénes son esos treinta y tres?"

Yagñavalkya respondió: "Los ocho Vasas, los once Rudras y los doce Adityas. Son treinta y uno, e Indra y Pragapati hacen treinta y tres".

3. Aquel volvió a preguntar: "¿Quiénes son los Vasus?

Yagñavalkya respondió: "Agni (el fuego), Prithivi (la tierra), Vayu (el aire), Antariksha (el firmamento), Aditya (el sol), Dyu (el cielo), Kandramas (la luna), las Nakshatras (las estrellas): estos son los Vasus, pues en ellos descansa todo lo que vive (en este mundo); por tanto, se llaman Vasus"[39].

4. Aquel siguió preguntando: "¿Quiénes son los Rudras?"

Yagñavalkya replicó: "Los diez alientos vitales y Atman[40], el undécimo. Cuando abandonan este cuerpo mortal, nos hacen llorar (rodayanti), por lo que se llaman Rudras".

5. Aquel preguntó de nuevo: "¿Quiénes son los Adityas?

---

39 La explicación etimológica de Vasau no está muy clara. Quizá "Vasu" signifique el mundo o sus moradores. En este pasaje el comentador apenas consigue aclarar el texto.

40 Atman aquí no tiene el sentido de ser o conciencia individual.

Yagñavalkya replicó: "Los doce meses del año son Adityas porque siguen un ritmo (yanti), apoderándose de todo[41] tras su paso (adadanah). Dado que se mueven a un ritmo, haciéndose con todo, se llaman Adityas".

6. Entonces preguntó: "¿Y quién es Indra, y quién es Pragapati?"

Yagñavalkya respondió: "Indra es el trueno, Pragapati es el sacrificio".

Aquel preguntó: "¿Y qué es el trueno?"

Yagñavalkya respondió: "El rayo".

Entonces preguntó: "¿Y el sacrificio?"

Yagñavalkya repuso: "Los animales (del sacrificio)".

7. Nuevamente, preguntó: "¿Quiénes son los seis?"

Yagñavalkya respondió: "Agni (el fuego), Prithivi (la tierra), Vayu (el aire), Antariksha (el firmamento), Adithya (el sol) y Dyu (el cielo) son los seis, pues los seis son todo esto".

8. Entonces, preguntó: "¿Quiénes son los tres dioses?"

Yagñavalkya respondió: "Estos tres mundos, pues en ellos existen todos estos mundos".

Aquel inquirió: "¿Quiénes son los dos dioses?"

Yagñavalkya repuso: "La comida y el aliento".

Y preguntó: "¿Quién es el dios y medio?"

Yagñavalkya respondió: "El que sopla".

9. Aquí algunos se preguntan. "¿Cómo es que al que sopla como uno solo se le llama uno y medio (adhyardha)?" La respuesta es: "Porque cuando sopló el viento, todo creció (adhyardhnot)".

Aquel preguntó: "¿Quién es el único dios?"

Yagñavalkya respondió: "El aliento (prana), él es Brahma".

10. Sakalya replicó: "Únicamente quien conoce a esa persona cuya morada (cuerpo) es la tierra, cuya visión es el fuego, cuya mente es la luz, aquel que es el principio de todo ser vivo, es verdaderamente un maestro, oh, Yagñavalkya".

Yagñavalkya respondió: "Conozco a esta persona, el

---

41 "Todo" aquí significa la vida de los hombres y el fruto de sus acciones.

principio de todo ser, de quien tú hablas. Esta persona es llamada 'Él es él'. Pero dime, Sakalya, ¿quién es su deidad (devata)?[42]"

Sakalya respondió: "El inmortal".

11. Este siguió inquiriendo: "Solamente quien conoce a esa persona cuya morada es el amor (un cuerpo capaz de amor sensual), cuya visión es el corazón, cuya mente es la luz, el principio de todo ser, él es verdaderamente un maestro, oh, Yagñavalkya."

Yagñavalkya replicó: "Conozco a esa persona, el principio de todo ser, de la cual tú hablas. Esta persona creada para el amor, es llamada 'Él es él'. Pero dime, Sakalya, ¿quién es su deidad (devata)?"

Sakalya replicó: "Las mujeres".[43]

12. Sakalya prosiguió: "Únicamente quien conoce a esa persona cuya morada son los colores, cuya visión es el ojo, cuya mente es la luz, el principio de todo ser, es verdaderamente un maestro, oh, Yagñavalkya."

Yagñavalkya replicó: "Conozco a esa persona, el principio de todo ser, de la cual tú me hablas. Esa persona está en el sol y es "Él es él'. Pero dime, Sakalya, ¿quién es su deidad (devata)?"

Sakalya respondió: "La verdad".

13. Sakalya continuó: "Solo quien conoce a esa persona cuya morada es el éter, cuya visión es el oído, cuya mente es la luz, el principio de todo ser, en realidad es un maestro, oh, Yagñavalkya."

Yagñavalkya respondió: "Conozco a esa persona, el principio de todo ser, de la cual tú hablas. Es la persona que oye y responde, es 'Él es él'. Pero dime, Sakalya, ¿quién es su deidad?"

Sakalya respondió: "El espacio".

14. Sakalya continuó: "Solamente quien conoce a esa persona cuya morada es la oscuridad, cuya visión es el corazón, cuya mente es la luz, el principio de todo ser, realmente es un maestro, oh, Yagñavalkya."

---

42 Deidad o "devata" aquí significa aquello de lo cual surge la persona.

43 Según Max Müller, porque avivan el fuego del amor.

Yagñavalkya replicó: "Conozco a esa persona, el principio de todo ser, de la cual hablas. Es persona que vive en las sombras, 'Él es él'. Pero dime, Sakalya, ¿quién es su deidad?"

Sakalya respondió: "La Muerte".

15. Sakalya prosiguió: "Tan solo quien conoce a esa persona cuya morada son los colores, cuya mente es la luz, el principio de todo ser, de verdad es un maestro, oh, Vagñavalkya".

Yagñavalkya replicó: "Conozco a esa persona, el principio de todo ser, de la cual estás hablando. Es la persona en el espejo, 'Él es él'. Pero dime, Sakalya, ¿quién es su deidad?"

Sakalya respondió: "El aliento vital (asu)".

16. Sakalya prosiguió: "Solamente quien conoce a esa persona cuya morada es el agua, cuya visión es el corazón, cuya mente es la luz, el principio de todo ser, realmente es un maestro, oh, Yagñavalkya".

Yagñavalkya repuso: "Conozco a esa persona, el principio de todo ser, de la que estás hablando. Es la persona en el agua, 'Él es él'. Pero dime, Sakalya, ¿quién es su deidad?"

Sakalya replicó: "Varuna".

17. Aquel replicó: "Únicamente quien conoce a esa persona cuya morada es la semilla, cuya visión es el corazón, cuya mente es la luz, el principio de todo ser, en verdad es un maestro, oh, Yagñavalkya".

Yagñavalkya replicó: "Conozco a esa persona, el principio de todo ser, de la cual hablas. Es la persona filial, 'Él es él'. Pero dime, Sakalya, ¿quién es su deidad?"

Sakalya replicó: 'Pragapati'.

18. Yagñavalkya entonces dijo: "Sakalya, ¿acaso esos brahmines que no se atreven a responderme, te han elegido como víctima (anagaravakisha)?"[44]

Sakalya prosiguió: "Yagñavalkya, puesto que has des-

---

44 Angaravishayana significa un recipiente donde se apagan los trozos de carbón. Parece que Yagñavalkya al decir que Sakalya fue escogido como "angaravishayana" por los demás brahmines quería decir que aquéllos lo habían escogido como víctima, esto es, que podría ser quemado o consumido por Yagñavalkya

crito los Brahmanas de los Kuru-Pañkalas, dime ¿qué más manifestaciones de Brahma conoces?"

19. Yagñavalkya contestó: "Conozco los cuatro confines de la tierra con sus deidades y sus moradas".

Sakalya entonces dijo: "Si conoces los cuatro confines de la tierra con sus deidades y moradas,

20. "¿Cuál es entonces, la deidad de Oriente?"

Yagñavalkya respondió: "Aditya (el sol)".

Sakalya continuó: "¿Dónde vive Aditya?

Yagñavalkya repuso: "En el ojo".

Sakalya prosiguió: "¿Dónde habita el ojo?"

Yagñavalkya respondió: "En los colores, pues con el ojo él ve los colores."

Sakalya continuó: "¿Y dónde moran los colores?"

Yagñavalkya respondió: "En el corazón, pues en el corazón conocemos los colores".

Sakalya respondió: "Así es, en verdad, oh, Yagñavalkya".

21. Aquel prosiguió: "¿Cuál es la deidad del Sur?"

Yagñavalkya contestó: "Yama".

Sakalya inquirió: "¿Dónde mora Yama?

Yagñavalkya respondió: "En el sacrificio".

Sakalya siguió: "¿Dónde vive el sacrificio?"

Yagñavalkya repuso: "En Dakshina (los presentes entregados a los sacerdotes)".

Sakalya prosiguió: "¿Dónde habita Dakshina?"

Yagñavalkya contestó: "En Sraddha (la fe), pues si un hombre cree, se entrega a Dakshira, pues Dakshira mora firmemente en la fe".

Sakalya preguntó: "¿Y dónde mora la fe?"

Yagñavalkya repuso: "En el corazón, pues la fe se conoce con el corazón, y por tanto, la fe mora en el corazón".

Sakalya asintió: "Así es, en verdad, oh, Yagñavalkya".

22. Sakalya siguió preguntando: "¿Cuál es la deidad de Occidente?"

Yagñavalkya respondió: "Varuna".

"¿Dónde mora Varuna?

"¿Y dónde vive el agua?"

"En la semilla."

Sakalya entonces preguntó: "¿Y dónde habita la semilla?" Yagñavalkya contestó: "En el corazón. Por eso dicen que un hijo es como su padre, que parece haber surgido de su propio corazón, o hecho de su propio corazón, pues la semilla vive en el corazón".

Sakalya asintió: "Así es, en verdad, oh, Yagñavalkya."

23. Sakalya siguió insistiendo: "¿Cuál es la deidad del Norte?"

Yagñavalkya respondió: "Soma".

"¿Dónde mora Soma?"

"En Diksha"[45].

"¿Dónde vive, pues, Diksha?"

"En la Verdad; así, dicen que quien ha llevado a cabo los sacrificios de Diksha dice la verdad, pues Diksha mora en la Verdad."

Sakalya entonces preguntó: "¿Y dónde mora la Verdad?"

Yagñavalkya replicó: "En el corazón, pues solo desde el corazón decimos lo que es verdad; es allí, pues, donde vive la Verdad".

Sakalya asintió: "Así es, oh Yagñavalkya".

24. Sakalya siguió preguntando: "¿Cuál es la deidad del cénit?"

Yagñavalkya contestó: "Agni".

"¿Dónde vive Agni?

"En el habla."

"¿Y dónde mora el habla?"

"En el corazón."

¿Y dónde mora el corazón?"

25. Yagñavalkya replicó: "¡Oh Ahallikal![46] Si piensas que el corazón puede estar fuera de nosotros, entonces los perros podrían comerlo, o los pájaros destrozarlo a picotazos".

26. Sakalya preguntó, a su vez: "¿Y dónde vives tú (tu cuerpo) y tu Ser (tu corazón)?"

Yagñavalkya contestó: "En el Prana (aliento)".

Sakalya prosiguió: "¿Dónde mora el Prana? "

---

45 Diksha es el rito iniciativo para el sacrificio Soma. Una vez hecho el sacrificio Soma, que tiene que ser comprado, el sacrificador se llena de sabiduría y se va errando en dirección al norte, que es el punto cardinal de Soma.

46 Palabra de reproche.

Yagñavalkya respondió: "En el Apana (aliento inferior)".
"¿Dónde mora el Apana?"

"En el Vyana[47] (el aliento que retiene a los otros alientos)".

Sakalya prosiguió: "¿Dónde habita el Vyana?

Yagñavalkya respondió: "En el Udana (aliento exterior)".[48]

Sakalya entonces preguntó "¿Y dónde mora el Udana?"

Yagñavalkya replicó: "En el Samana.[49] Ese ser (âtman) debe ser descrito a través de '¡No, no!'. Es incomprensible, pues no puede ser entendido, es imperecedero, pues no puede perecer; está libre de todas las ataduras, dado que no se puede atar a sí mismo; realmente está libre de todo sufrimiento y error.

Estas son sus ocho moradas (la tierra, etcétera), sus ocho mundos (el fuego, etcétera), sus ocho dioses (el inmortal, la comida, etcétera), sus ocho personas[50] (la corpórea, etcétera). Tras dividir y unir a estas personas (dividirlas en sus diferentes moradas y unirlas finalmente en el corazón), el Ser, enseñado en los Upanishads, traspasa todos los límites (va más allá del Samana). Ahora te pido yo a ti que me expliques el estado del Ser más allá de toda división. Si no eres capaz de hacerlo, tu cabeza se desprenderá de tu cuerpo."

Sakalya no conocía el estado puro del Ser, por lo que su cabeza cayó rodando por el suelo. Al poco tiempo, unos ladrones que pasaban por allí vieron sus huesos y los robaron, creyendo que era algo de valor.

---

47 Porque el "apana" escaparía hacia abajo y el "prana" hacia arriba si no fueran retenidos por el "Vyana".

48 Porque los tres, "prana", "apana", y "vyana" se precipitarían en todas direcciones si no estuvieran atados al "adana" o aliento exterior.

49 El Samana no se puede tomar aquí por uno de los cinco pranas, generalmente mencionados mitos del udana, sino que aquí tiene el sentido del Sutratman. El Sutratman mora en el Antaryamin, y éste en Brâhma, por lo cual ha sido mencionado después del "udana".

50 La ocho moradas, los ocho mundos, los ocho dioses y las ocho personas han aparecido en la páginas anteriores.

27. Entonces, Yagñavalkya exclamó: "Reverendos brahmines, quien de entre vosotros lo desee, que me pregunte, o preguntadme todos vosotros si así lo queréis; o preguntaré yo a alguien de entre vosotros, o a todos vosotros".

Pero los brahmines no tuvieron el valor de hacer ninguna pregunta.

28. Entonces Yagñavalkya los puso a prueba con estos Slokas:

1. "Como un gran árbol en el bosque, así, en realidad, es el hombre; sus cabellos son las hojas, su piel exterior la corteza.

2. Igual que la sangre sale por la piel del hombre y la savia por la piel del árbol, de igual modo la sangre de un hombre herido fluye al exterior como la savia de un árbol cuando se derriba.

3. Las partes de carne son las capas de madera del árbol y sus fibras tan fuertes como los tendones humanos. Los huesos del hombre es la madera dura del interior y la médula humana está hecha como la médula del árbol.

4. No obstante, el árbol cuando cae, crece nuevamente por la raíz con más fuerza todavía; respóndeme, pues, a esta pregunta: ¿acaso un mortal crece de nuevo tras haber sido cortado por la muerte?

5. No digáis: 'vuelve a nacer de la semilla', pues la semilla nace de un ser vivo; sin embargo, un árbol surge de un grabo, que claramente nace tras la muerte.

6 Si un árbol es arrancado de raíz, no crecerá de nuevo; ¿de qué raíz entonces, decidme, crece un mortal, después de haber sido cortado por la muerte?

7. Una vez nacido, no nace de nuevo; ¿quién le crea, entonces, otra vez en otro cuerpo?

Solo Brahma puede hacerle nacer de nuevo, pues solo él es Conocimiento y dicha, el principio y raíz de todo ser vivo."

CUARTO ADHAYA

PRIMER BRAHMANA

1. Ganaka Vaideha se aproximó a Yagñavalkya y le preguntó: "Yagñavalkya, ¿con qué fin viniste: por deseo de ganado o por cuestiones sutiles?

Yagñavalkya replicó: "Por ambas cosas, majestad".

2. "Oigamos pues, lo que te han enseñado."

Ganaka Vaideha respondió: "Gitvan Saidini me dijo que el habla es Brahma".

Yagñavalkya replicó: "Si Saidini te ha dicho que Brahma es el habla, ¿por qué existen entonces mudos? ¿No te habló acaso del cuerpo (ayatana) y el lugar de descanso (pratishtha) de Brahma (de esa manifestación de Brahma)?"

Ganaha Vaideha respondió: "No me habló de eso".

"Majestad", añadió Yagñavalkya, "esto se basa en un pie únicamente."[51]

Ganaka Vaideha repuso: "Cuéntame, pues, lo que falta, Yagñavalkya".

Yagñavalkya le explicó: "La lengua es su cuerpo y el éter su lugar, así, el habla debería ser adorada como el Conocimiento".

El rey, entonces, preguntó: "¿Cuál es, pues, la naturaleza de ese conocimiento?"

Yagñavalkya respondió: "Majestad, es el habla. Pues a través del habla, se conoce a un amigo, y así como se conoce a través del habla el Rig-veda, Yagñavalkya Sama-veda, los Atharvangirasas, el Itihasa (tradición), Purana-vidya (conocimiento del pasado), los Upanishads, Slokas (versos), Sutras (rejas), Anunvyakayanas y Vyakahyanas (comentarios, etcétera), de igual modo, mediante el habla se sabe lo que es sacrificado, lo que es comido y bebido, este mundo, el otro mundo y todos los

---

51 Parece que la explicación de Gitran es coja o imperfecta, pues de las cuatro formas de las manifestaciones de Brâhma, él sólo enseñó una. Las otras tres son su cuerpo, su lugar y su forma de adoración.

seres. Solo por el habla, majestad, Brahma es conocido, pues en realidad el habla es el Supremo Brahma. El habla no deja a aquel que adora al Brahma con tal Conocimiento; ciertamente todas las criaturas se acercan a tal persona, pues, transformándose en dios, va a los dioses."

Ganaba Vaideha exclamó: "Por esto te voy a dar un millar de vacas con un toro tan inmenso como un elefante".

"Mi padre", repuso Yagñavalkya "era de la opinión de que no se debería aceptar recompensa alguna sin haber instruido por completo a un discípulo."

3. Este prosiguió: "Escuchemos pues, lo que te han enseñado". Ganaha Vaideha continuó: "Udanka Saulbayana me enseñó que la vida (prana) es Brahma".

Yagñavalkya replicó: "Si Udanka Saulbayana te enseñó que la vida es Brahma, ¿por qué hay un estado en que la persona deja vivir? ¿No te habló entonces del cuerpo y del lugar de descanso de ese Brahma (de esa manifestación de Brahma)?"

Ganaha Vaideha respondió: "No me habló de eso."

"Majestad", añadió Yagñavalkya "esto se basa en un pie únicamente." "Cuéntame, pues, Yagñavalkya" dijo el rey.

Yagñavalkya entonces le explicó: "El aliento es su cuerpo y el éter su lugar; así pues, la vida debería ser adorada como lo más querido".

Ganaha Vaideha siguió preguntando: "¿Cuál es entonces la naturaleza de aquello que es querido?"

"Majestad, es la vida en sí misma", respondió Yagñavalkya "pues por la vida, un hombre hace sacrificios para cualquier ser indigno, acepta regalos de quien no debería ofrecérselos y deja el lugar donde reside para ir a países donde correrá el riesgo de ser herido: todo esto por su vida. La vida, oh, Rey, es el Brahma Supremo. La vida no abandona a aquel que la adora con tal conocimiento; realmente, todas las criaturas se acercan a tal persona, pues transformándose en dios, va a los dioses." Ganaha Vaideha exclamó: "Por esto te voy a dar mil vacas y un toro tan inmenso como un elefante".

"Mi padre", repuso Yagñavalkya "era de la opinión de

que no se debería aceptar recompensa alguna sin haber instruido por completo a un discípulo."

4. Este entonces prosiguió: "Escuchemos lo que te han enseñado".

Ganaha Vaideha respondió: 'Barku Varshna me enseñó que la vista (Kakshus) es Brahma".

Yagñavalkya entonces replicó: "Si Barku Varshna te enseñó que la vista es Brahma, ¿por qué entonces hay ciegos? ¿No te enseñó acaso del cuerpo y del lugar de descanso de ese Brahma (de esa manifestación de Brahma)?"

Ganaha Vaideha contestó: "No me habló de ello".

"Majestad", exclamó Yagñavalkya "esto se apoya en un solo pie".

Ganaba Vaideha repuso: "Cuéntame, pues, Yagñavalkya".

Yagñavalkya pues, le explicó: "El ojo es su cuerpo y el éter su lugar; así pues, debería ser adorado como lo verdadero".

"¿Cuál es, pues, la naturaleza de la verdad?", cuestionó el rey.

Aquel replicó: "Majestad, es la vista; pues si a un hombre que ve con sus ojos le preguntan: '¿Me has visto?' y responde: 'Sí, te he visto', dice la verdad. La vista, oh, Rey, es el Supremo Brahma. La vista no deja a aquel que adora a Brahma con tal Conocimiento; verdaderamente, todas las criaturas se aproximan a tal hombre pues, convirtiéndose en dios, va a los dioses".

Ganaha Vaideha exclamó: "Por esto te daré mil vacas y un toro tan grande como un elefante".

"Mi padre era de la opinión de que no se debería aceptar ninguna recompensa sin haber instruido del todo a un discípulo", repuso Yagñavalkya.

5. Este continuó: "Sigamos escuchando lo que te han enseñado".

"Gardabhivibhita Bharadyaga me enseñó que el oído (srotra) es Brahma", respondió el rey.

Yagñavalkya replicó: "Si Gardabhivibhita te enseñó que el oído es Brahma, ¿por qué existen entonces los sordos? ¿No te habló acaso del cuerpo y del lugar de reposo de Brahma?"

"No me habló de ello", contestó Ganaha Vaideha.

Entonces Yagñavalkya exclamó: "Majestad, esto se apoya en un único pie".

"Cuéntame, pues, Yagñavalkya", respondió el rey Yagñavalkya le explicó: "La oreja es su cuerpo y el éter su lugar. Por tanto, nosotros deberíamos adorarle como lo infinito".

Entonces Ganaha Vaideha preguntó: "¿Cuál es, pues, la naturaleza de lo que es infinito?"

"Majestad, es el espacio (disah), pues sea cual sea la dirección en que andemos nunca llegamos al final. Así, el espacio es infinito. Ciertamente, oh, rey, el espacio es el oído, y el oído es el Supremo Brahma. El oído no abandona a aquel que adora a Brahma con tal Conocimiento; certeramente todas las criaturas se acercan a tal hombre, pues, transformándose en dios, va a los dioses."

Entonces Ganaha Vaideha exclamó: "Por esto te voy a dar un millar de vacas y un toro tan inmenso como un elefante".

Yagñavalkya replicó: "Mi padre era de la opinión de que no se debería aceptar recompensa alguna sin haber instruido por completo a un discípulo".

6. Este prosiguió: "Sigamos escuchando, pues, lo que te han enseñado".

"Satyakama Gabala me enseñó que la mente (manas) es Brahma", respondió Gnaha Vaideha.

"Si Satyakama Gabala te enseñó que la mente es Brahma, ¿por qué entonces hay personas sin mente? ¿No te habló acaso del cuerpo y del lugar de descanso de Brahma?"

"No me habló de ello", respondió el rey.

"Majestad, esto se apoya en un solo pie." "Cuéntame, pues Yagñavalkya."

Este continuó explicando: "La mente es su cuerpo y el éter su lugar, por lo que nosotros deberíamos adorarle como la dicha".

"¿Cuál es, pues, la naturaleza de la dicha?"

"Majestad, es la mente en sí misma, pues con la mente un hombre desea a una mujer, y con la mente un hijo nace de la madre, llenando de felicidad a toda la familia. La mente, en verdad, oh, Rey, no deja a aquel que le adora con tal Conocimiento; realmente, todas las criaturas se acercan a tal hombre, pues convirtiéndose en dios, va a los dioses."

El rey exclamó: "Por esto te daré un millar de vacas y un toro tan grande como un elefante".

Yagñavalkya replicó: "Mi padre era de la opinión de que no se debería aceptar ninguna recompensa sin haber instruido completamente a un discípulo".

7. Este prosiguió: 'Escuchemos, pues, lo que te han enseñado".

El rey respondió: "Vidagdha Sakalya me enseñó que el corazón (hridaya) es Brahma".

"Si Vidagdha Sakalya te enseñó que el corazón es Brahma", replicó Yagñavalkya "¿por qué hay un estado en que el hombre pierde su corazón? ¿No te habló entonces del cuerpo y del lugar de descanso de Brahma"

"No me habló de ello."

"Majestad, esto se apoya en un único pie", exclamó Yagñavalkya.

"Cuéntame, pues, Yagñavalkya", dijo el rey.

Yagñavalkya prosiguió: "El corazón es el cuerpo y el éter el lugar, así, nosotros deberíamos adorarlo como la certeza (sthiti),

Ganaha Vaideha preguntó entonces: "¿cuál es, pues, la naturaleza de la certeza?"

Yagñavalkya respondió: "Majestad, es el corazón, pues el corazón es el cuerpo y el lugar de descanso de todas las cosas; allí en realidad, oh, Rey, todas las cosas descansan. En verdad, el corazón es el Supremo Brahma. El corazón no deja jamás a aquel que adora a Brahma con tal Conocimiento; verdaderamente, todas las criaturas se acercan a tal hombre, pues al convertirse en dios, va a los dioses".

"Por eso te daré un millar de vacas con un toro tan grande como un elefante", exclamó el rey.

Yagñavalkya replicó: "Mi padre era de la opinión de que no se debería aceptar una recompensa sin haber instruido del todo a un discípulo".

SEGUNDO BRAHMANA

1. Ganaka Vaideha, bajando de su trono, exclamó "Me postro ante ti, oh, Yagñavalkya enséñame".

Yagñavalkya le dijo: "Majestad, igual que un hombre que desea hacer un largo viaje lleva consigo un carro o una barca, de igual manera vuestra mente está bien preparada con estos Upanishads. Sois honorable y rico, habéis aprendido los Vedas y os han recitado los Upanishads. ¿A dónde iréis, entonces, cuando dejéis este cuerpo?"

Ganaka Vaideha respondió: "Señor, no sé a dónde iré".

Yagñavalkya dijo entonces: "Yo os diré a dónde iréis".

2. Este continuó: "La persona que está en el ojo derecho se llama Indha, este es el nombre que se da misteriosamente a Indra, pues los dioses gustan de lo misterioso y aborrecen lo evidente.

3. Así pues, aquel que en forma de persona se encuentra en el ojo derecho, es su esposa, Virag.[52] Su lugar de encuentro es el éter que está en el interior del corazón y su alimento la parte roja del corazón. Su lugar de retiro es la red (de arterias) del interior del corazón, y el sendero por el que transitan (del sueño al despertar) es la arteria que parte del corazón hacia las partes superiores. Como un cabello dividido en mil partes, así son las venas, por nombre Hita, que se encuentran firmemente puestas en el interior del corazón. Por ellas, el alimento fluye sin cesar y los dos esposos (Taigasa) lo reciben como si fuera un alimento más puro que el Ser corpóreo (Vaisvanara).

4. El confín oriental de los dos esposos son los pranas (aliento) que van a Oriente;

---

52 Indra recibe el nombre de Vaisvanara por parte del comentarista, y su mujer, Virag. La pareja en el estado de vigilia es Visva; en estado de sueño, Taigasa.

El confín meridional de los dos esposos son los pranas que van al Sur;

El confín septentrional de los dos esposos son los pranas que van al Norte;

El confín más alto (cénit) de los dos esposos son los pranas que van hacia arriba;

El confín más bajo (nadir) de los dos esposos son los pranas que van hacia abajo.

'Todos los confines son todos los pranas. Así pues, él (la conciencia de la verdad) solo se puede describir a través de 'No, no' (es decir, negando todo lo que no es él). Él es incomprensible, pues no puede ser entendido; es incorruptible, pues no puede ser corrompido, no está sometido a ninguna causa, pues él no se somete a sí mismo. Oh, Ganaka, verdaderamente has logrado el estado donde no existe el temor", afirmó Yagñavalkya.

Entonces el rey exclamó: "Que ese estado donde no existe el temor también llegue a ti, pues tú me lo has revelado. Me postro ante ti. Aquí están los Videhas[53] y aquí estoy yo (tu esclavo)".

TERCER BRAHMANA

1. Yagñavalkya se acercó a Ganaka Vaideha, mas no quería hablar con él. No obstante, puesto que antes ambos habían hablado acerca del Angihotra, y Yagñavalkya había garantizado al rey el deseo de poder ser preguntado sobre todo lo que quisiera, este empezó a inquirirle.

2. "Yagñavalkya", dijo aquel, "¿qué es la luz del hombre?"

Yagñavalkya replicó: "El Sol, oh, Rey, pues con la luz del sol, el hombre se sienta, se mueve y trabaja".

Ganaka Vaideha asintió: "Así es, de verdad, oh, Yagñavalkya".

3. Aquel siguió preguntando: "Cuando el sol se ha puesto, oh, Yagñavalkya, ¿dónde se encuentra entonces la luz del hombre?"

---

53 Los Videhas eran los súbditos del rey Ganaka.

Yagñavalkya respondió: "La luna es, entonces, su luz, pues con la luz de la luna por luz, el hombre se sienta, se mueve y trabaja".

El rey asintió: "Así es, en verdad, oh, Yagñavalkya".

4. Aquel siguió preguntando: "Cuando el sol y la luna se han puesto, oh, Yagñavalkya, ¿dónde está la luz del hombre?"

Yagñavalkya repuso: "El fuego, en realidad, es su luz, pues con el fuego por luz el hombre se sienta, se mueve y trabaja".

5. Ganaka Vaideha prosiguió: "Cuando el sol y la luna se han puesto, oh, Yagñavalkya y el fuego se ha apagado, ¿dónde queda entonces la luz del hombre?"

Yagñavalkya replicó: "El sonido, verdaderamente, es su luz, pues con el sonido por luz el hombre se sienta, se mueve y trabaja. Por tanto, oh, Rey, cuando está tan oscuro que uno ni siquiera puede ver su propia mano, el hombre se dirige hacia donde suena un ruido.

Ganaha Vaideha asintió: "Así es, en verdad, oh, Yag-ñavalkya".

6. Aquel siguió inquiriendo: "Cuando el sol y la luna se ha puesto, oh Yagñavalkya y el fuego ha sido apagado y el sonido acallado, ¿dónde está la luz del hombre?"

Yagñavalkya respondió: "El Ser, en verdad, es su luz, pues teniendo al Ser por luz, el hombre se sienta, se mueve y trabaja".

7. Ganaka Vaideha preguntó entonces: "¿Quién es ese Ser?

Yagñavalkya replicó: "Aquel que habita en el interior de corazón, rodeado por los Pranas (sentidos), la persona de luz que consiste en el conocimiento. El Ser, permaneciendo en su esencia, oscila por los dos mundos,[54] ya sea pensando, ya moviéndose. Durante el sueño trascienden este mundo y todas la formas de la muerte.

8. Cuando la persona nace, el Ser toma posesión de su cuerpo, uniéndose con todo lo malo, pero, cuando se va y perece, se desprende de todo ello.

---

54 En este mundo, mientras está despierto o soñando, en el otro mundo cuando está envuelto en el sueño profundo.

9. Hay dos estados para la persona, uno en este mundo y el segundo en el otro mundo; y aún hay un estado intermedio, el estado de sueño. Cuando se está en el estado del medio, se ven los dos estados a la vez: uno, aquí, en este mundo y, el otro, en el otro mundo.

Cuando la persona está durmiendo, si logra desprenderse de todas las sensaciones mundanas, consigue el estado de sueño y es envuelta en su propia luz. En ese estado la persona es auto-iluminada.

10. No hay carros verdaderos en ese estado, ni caballos, ni caminos; no obstante, la persona crea carros, caballos y caminos. Allí no hay bendiciones, ni felicidad, ni alegría; sin embargo, la persona crea bendiciones, felicidad y alegría. Allí no hay estanques, ni lagos, ni ríos; así, la persona crea estanques, lagos y ríos. En ese estado la persona es, en realidad, el hacedor.

11 Sobre esto existen estos versos:

'Después de haberse deshecho en el sueño de todo cuanto pertenece al cuerpo, la persona, que no se encuentra dormida, observa los sentidos dormidos, tras lo que, igual que el pájaro que regresa a su nido, tomando la forma de la luz va a su propio lugar de reposo.

12. Desde allí, el inmortal va a donde le apetece, igual que el pájaro que deja momentáneamente el nido para revolotear de rama en rama.

13. Ascendiendo y descendiendo en su sueño, el dios del sueño manifiesta múltiples formas para sí mismo, ya disfrutando con mujeres, o bien riendo con sus amigos u observando terribles visiones.

14. La gente puede ver el lugar de juego de la persona, mas, nadie puede verla a ella. Por eso dicen: 'Que nadie despierte a un hombre de pronto, pues en ese estado corre el peligro de no poder regresar a su cuerpo'.

Sobre esto algunos disienten: 'No, el sueño es igual que la vigilia, pues lo que uno ve en estado de vigilia también lo puede ver cuando está dormido. No obstante, no es así, pues en el estado de sueño la persona está auto-iluminada (tal como se ha explicado antes)."

Entonces, Ganaka Vaideha exclamó: "Te doy mil vacas más. Continúa hablando por el bien de mi liberación".

15. Yagñavalkya prosiguió: "La persona, tras sumergirse en el estado de dicha (samprasada o estado de sueño profundo) y ver lo bueno y lo malo, regresa otra vez al estado anterior, el estado de sueño donde no es afectado por todo cuanto ha visto en el estado anterior, pues la persona no está atada a nada".

Ganaka Vaideha asintió: "Así es, en verdad, Yagñavalkya. Te doy mil vacas más. Sigue hablando por el bien de mi liberación".

16. Yagñavalkya continuó: "La persona, después de disfrutar del estado de sueño (sueño no profundo) y ver lo bueno y lo malo, retorna de nuevo al estado anterior, el estado de vigilia, donde no se ve afectado por todo lo que ha visto en el estado anterior, pues la persona no está atada a nada".

Ganaka Vaideha asintió: "Así es, en verdad, Yagñavalkya. Te doy mil vacas más. Continúa por el bien de mi liberación".

17. Aquel siguió: "La persona, detrás, gozar del estado de vigilia y ver lo bueno y lo malo, regresa nuevamente al estado anterior, al estado de sueño, aquel donde empezó.

18. Y al igual que un pez grande se mueve entre las dos orillas de un río, así la persona se mueve entre estos dos estados, el estado de sueño y el estado de vigilia.

19. Y al igual que un halcón que, después de vagar por el aire, preso del cansancio, pliega las alas y vuela hacia su nido, del igual forma la persona vuelve al estado de vigilia cuando no tiene más deseos que le hagan seguir con el sueño.

20. En su cuerpo hay unas venas llamadas Hita que son tan pequeñas como la milésima parte de un cabello. Cuando sueña que le matan, o le ganan, o que un elefante le persigue, que cae a un pozo, la ignorancia le hace imaginar el mismo peligro que acostumbra a ver en estado de vigilia. Pero cuando imagina lo que antes era, en realidad, un dios o un rey, entonces se encuentra en su estado supremo.

21. Esta verdaderamente es su forma, libre de deseos, libre del mal y del temor. Igual que un hombre abrazado por su querida esposa no nota nada del exterior ni del interior, así la persona, cuando es abrazada por el Ser inteligente (pragña), no percibe nada en el exterior ni nada en el interior. Esta, en realidad, es su verdadera forma, en la que sus deseos se satisfacen, en la que el Ser es su único deseo y en la que no queda deseo ni dolor alguno.

22. En ese estado verdadero un padre no es un padre, una madre no es una madre, los mundos no son los mundos, lo dioses no son los dioses y los Vedas no son los Vedas. En este estado un ladrón no es un ladrón, un asesino no es un asesino, un Kandala no es un Kandala, un Paulkasa no es un Paulkasa, un Sramana no es un Sramana y un Tapasa no es un Tapasa. No le sigue el bien ni el mal, pues ha vencido todo el sufrimiento del corazón.

23. Allí sin ver, ve, pues la verdadera visión es imperecedera e inseparable del poder que ve. Allí no hay ningún segundo, pues la persona está completamente sumergida en lo que ve.

24. Allí sin oler huele, pues el olfato real es imperecedero, inseparable del olor que huele. Allí no hay segundo alguno pues la persona está totalmente sumergida en lo que huele.

25. Allí sin gustar, gusta, pues el verdadero gusto es imperecedero, inseparable del poder que gusta. Allí no hay segundo alguno, pues la persona está del todo sumergida en lo que gusta.

26. Allí sin hablar, habla, pues la palabra de verdad es imperecedera, inseparable del poder que habla. Allí no hay segundo alguno, pues la persona está totalmente sumergida en lo que habla.

27. Allí sin oír oye, pues el verdadero oído es imperecedero, inseparable del poder que oye. Allí no hay segundo alguno, pues la persona está profundamente sumergida en lo que oye.

28. Allí sin pensar, piensa, pues el pensamiento real s imperecedero, pues es inseparable del poder que piensa.

Allí no hay segundo alguno, pues la persona está totalmente sumergida en lo que piensa.

29. Allí sin tocar, toca, pues el tacto verdadero es imperecedero, inseparable del poder que toca. Allí no hay segundo alguno, pues la persona está completamente sumergida en lo que toca.

30. Allí sin conocer, conoce, pues el verdadero conocimiento es imperecedero, inseparable del poder que conoce. Allí no hay segundo alguno, pues la persona está sumergida en lo que conoce.

31. Cuando (en el sueño y en la vigilia) hay otro, entonces puede ver al otro, oler al otro, hablar al otro, oír al otro, pensar en el otro, tocar al otro y conocerlo.

32. El océano es el vidente sin dualidad; este es el mundo de Brahma, oh, Rey", exclamó Yagñavalkya "Esta es la meta suprema, el triunfo más alto, el mundo más elevado, la felicidad suprema. El resto de seres viven una pequeña porción de esa dicha.

33. Cuando un hombre disfruta de buena salud y riqueza, es señor de otros y se rodea de todos los gozos humanos, esa es para los hombres la mejor bendición humana. No obstante, cien de estas bendiciones humanas no son más que una bendición de los antepasados (que han conquistado el mundo de los antepasados). Cien bendiciones de los antepasados que han conquistado este mundo no son más que una bendición en el mundo de los Gandharvas. Cien bendiciones en el mundo de los Gandharvas no son más que una bendición en el mundo de los que han logrado el estado divino de los Devas a través de acciones y sacrificios. Cien bendiciones en el mundo de los que han alcanzado el estado divino de los Devas con sus acciones y sacrificios no son más que una bendición en el mundo de los Devas de nacimiento o en el mundo de un Srotriya libre de pecado y de deseo. Cien bendiciones de los Devas de nacimiento no son más que una bendición en el mundo de Pragapati o en el mundo de un Srotriya libre de pecado y de deseo. Cien bendiciones en el mundo de Pragapati no son más que una bendición en el mundo de Brahma o en el mundo de un

Srotriya libre de pecado y de deseo. Esta es la bendición más elevada.

"Este es el mundo de Brahma, oh, rey", exclamó Yagñavalkya.

Mas Ganaka Vaideha le alentó a seguir: "Te doy mil vacas más. Sigue hablando por el bien de mi liberación.

En este punto, Yagñavalkya temió que el rey, ávido de la sabiduría que estaba adquiriendo, pudiera echarle de su posición.

34. Sin embargo, Yagñavalkya prosiguió: "La persona, habiendo gozado en el estado de sueño, y después de haber visto lo bueno y lo malo, regresa al estado donde inició, al estado de vigilia.

35. Y, tal y como un carruaje pesado se mueve —Con dificultad, gimiendo—, así este Ser incorpóreo, montado por este Ser inteligente, se mueve dificultosamente, gimiendo, cuando alguien está a punto de perecer.

36. Y cuando (el cuerpo) se vuelve débil por vejez o enfermedad, entonces la persona se separa de sus miembros, igual que un Amra (mango) o Udumbara (higo) se separa del tallo, y regresa de nuevo al lugar donde comenzó a la vida.

37. Y, al igual que los gobernadores, magistrados y policías aguardan al rey que ha de volver, así todos los elementos esperan a aquel que conoce, diciendo: 'Brahma viene, Brahma se acerca'.

38. Y al igual que los gobernadores, magistrados y policías se reúnen en torno a un rey cuando está a punto de morir, así todos los sentidos se reúnen en torno al Ser en el momento de la muerte, cuando el hombre está a punto de fallecer."

CUARTO BRAHMANA

1. Yagñavalkya continuó "Ahora bien, cuando ese Ser, habiéndose hundido en la debilidad, por decirlo de alguna manera, se hunde en la inconsciencia, entonces junta los sentidos (pranas), y, al llevarse consigo esos

elementos de luz, baja hacia el corazón. Cuando esa persona que se encuentra en el ojo se va, entonces deja de conocer las formas.

2. 'Se ha hecho uno', dicen 'no ve'. 'Se ha hecho uno', dicen, 'no tiene olfato'. 'Se ha hecho uno', dicen, 'no tiene gusto'. 'Se ha hecho uno', dicen, 'no habla'. 'Se ha hecho uno', dicen, 'no oye'. 'Se ha hecho uno', dicen, 'no piensa'. 'Se ha hecho uno', dicen, 'no tiene tacto'. 'Se ha hecho uno', dicen, 'no conoce'. El punto de su corazón se ilumina, y mediante esa luz el Ser se va, o a través del ojo, o a través del cráneo, o a través de otros lugares del cuerpo. Y cuando se va de este modo, la vida (el prana principal) se va después de él, y al irse así la vida, todos los demás espíritus vitales (pranas) se marchan después de ella. Él, consciente y lleno de conocimiento inicia su partida.

Así, su conocimiento y su trabajo y su relación con las cosas anteriores se apoderan de él.

3. Y al igual que una oruga, que tras haber llegado al final de una brizna de hierba, y después de haber hecho otra tentativa (hacia otra brizna), se dirige hacia ella, de la misma forma actúa el Ser, que después de haberse deshecho de este cuerpo y disipada toda la ignorancia, y después de hacer otra tentativa (a otro cuerpo), va hacia él.

4. Y del mismo modo que un orfebre agarra una pieza de oro, y la transforma en otra más nueva y más hermosa de forma, así también hace este Ser, que detrás haberse despojado de este cuerpo y disipada cualquier ignorancia, hace de sí mismo otro, más nuevo y de una forma más bella, ya sea como los antepasados, los Gandharvas, o como los Devas o como Pragapati, o como Brahma, o, como otros Seres.

5. Sin lugar a dudas, ese Ser es Brahma, que consiste en el Conocimiento, mente, vida, vista, oído, tierra, agua, viento, éter, luz y no luz, deseo y no deseo, ira y no ira, correcto o incorrecto y todas las cosas. Un hombre será de una u otra manera según su actuar y comportamiento; un hombre que hace buenas acciones conseguirá ser un hombre bueno, y un hombre que hace malas acciones,

será malo. El hombre se vuelve puro por las buenas acciones y malo por las malas.

Y dicen que una persona está formada de deseos. Y según cual sea su deseo así será su voluntad; y según sea su voluntad así serán sus acciones; y según sean sus acciones, así serán los frutos que coseche.

6. Y este verso dice: 'Cualquiera que sea el objeto al que esté apegada la mente del hombre, hacia él se dirige ardientemente junto con su acción; y habiendo logrado los últimos resultados de cualquier acción que lleva a cabo aquí en la tierra, él regresa nuevamente de ese mundo (que es el premio temporal por su acción) a este mundo de la acción'.

Eso lo que le ocurre al hombre que desea. Pero en lo que respecta al hombre que no desea, que, sin desear, está contento en sus deseos, o desea tan solo al Ser, sus espíritus vitales no se van a otro lugar; siendo Brahma, él va a Brahma.

7. Y, sobre esto, existe este verso: 'Cuando quedan libres todos los deseos que una vez entraron en su corazón, entonces el mortal se vuelve inmortal, entonces llega a Brahma'.

Y de igual forma que la piel de una serpiente yace sobre una montaña de hormigas, muerta y mudada, así yace este cuerpo; pero ese espíritu inmortal desencarnado (prana, vida) es únicamente Brahma, es solo luz.

8. Sobre este tema existen estos versos:

'El antiguo y estrecho camino que cruza hasta la otra orilla ha sido encontrado por mí. En él, los sabios que conocen a Brahma arriban hasta el Svarga-loka (cielo), y de ahí siguen más alto, hasta la completa liberación.

9. 'En ese camino dicen que hay blanco, o azul, o amarillo, o verde, o rojo; ese camino fue hallado por Brahma, y en él camina todo el que ha conocido a Brahma, el que ha hecho el bien y ha logrado la gloria.'

10. Todos los que adoran lo que no es la sabiduría (avidya) entran como ciegos en la oscuridad: aquellos que se contentan en el falso conocimiento, entran, por decirlo así, en una oscuridad aún mayor.

11. Por supuesto, existen esos mundos malditos, llenos de oscuridad. Los hombres ignorantes y no iluminados, van a esos mundos tras la muerte.

12. Si un hombre entiende el Ser, diciendo: 'Yo soy Él', ¿por qué querría sufrir de nuevo los padecimientos inherentes al cuerpo?

13. Aquel que ha hallado y comprendido el Ser, que ha entrado en este recóndito lugar, él es, sin duda, el creador, porque él es el hacedor de todas las cosas, suyo es el mundo y él es el mundo mismo.

14. Mientras nos encontramos aquí, podemos conocer esto; si no, soy ignorante,[55] y me hallo presa de una gran ignorancia. Aquellos que lo saben, se vuelven inmortales, pero los demás, sin duda, solo dan con el sufrimiento.

15. Si un hombre ve con claridad a este Ser como a Dios, y como al señor de todo lo que existe y existirá, entonces deja de tener miedo.

16. Aquel detrás del que gira el año con sus días, a él, los dioses adoran como la luz de las luces, como el tiempo inmortal.

17. Aquel en quien descansan los cinco seres[56] y el éter, únicamente a él acepto como al Ser; al Yo que sabe, acéptale como Brahma; al yo que es inmortal, acéptale como inmortal.

18. Aquellos que conocen la vida de la vida, el ojo del ojo, el oído del oído, la mente de la mente, ellos han entendido al antiguo y primitivo Brahma.

19. Debe ser notado tan solo por la mente, en ello no hay diversidad. Aquel que percibe en esto cualquier diversidad, va de la muerte a la muerte.

20. Este ser eterno nunca ha ser probado, debe ser percibido solo de una manera; es inmaculado, más allá del éter, el Ser sin nacimiento, grande y eterno.

21. Que el sabio brahmín, tras haberle descubierto,

---

55 Max Müller ha seguido aquí la traducción de Sankara, es decir, "avedhi" por ignorante, pero según afirma, parece que el texto está corrompido.

56 Los cinco "ganas", es decir, los Gandharvas, Pitris, Devas, Asuras y Kakshas; o bien, el aliento, el ojo, el oído, la comida y la mente.

practique la sabiduría. Que no busque muchas palabras, porque eso no es nada más que debilidad de la lengua.

22. Y él es ese gran Ser sin nacimiento, cuya esencia es la sabiduría, y que está rodeado de los Pranas, el éter dentro del corazón. En él se encuentra el gobernador de todo, el Señor de todo, el rey de todo. Él no se vuelve superior con sus buenas acciones, ni inferior cuando hace malas acciones. Él es el Señor de todas las cosas, el rey de todo, el protector de todas las cosas. Él es una orilla y una barrera, para que esos mundos no se puedan confundir. Los brahmines buscan conocerle estudiando los Vedas, a través de sacrificios, ofrendas, penalidades y ayunos, y aquel que le conoce se convierte en Muni. Deseando ese mundo únicamente, los mendicantes dejan sus hogares.

Con esto, la gente de antaño no quería descendencia. Decían: '¿Qué haremos nosotros con hijos, después de haber conocido este Ser y este mundo (de Brahma)?' Y ellos, habiéndose alzado por encima del deseo de tener hijos, riqueza y nuevos mundos, se mueven como mendicantes. Porque el deseo de descendencia es deseo de riqueza, y el deseo de riqueza es deseo de mundos. Y, por supuesto, ambos son solo deseos. Él, el Ser, debe ser descrito a través de las palabras: '¡No, no!' Él es incomprensible, porque no puede ser entendido; es imperecedero porque no puede morir; está desapegado, porque no tiene apegos; libre, no sufre, no se termina. Si, por alguna razón, ha hecho algo malo, o, por algún motivo, ha hecho algo bueno, no importa, y ni lo que él ha hecho, ni lo que ha omitido, le afecta.

23. Esto se ha expresado en un verso: 'Esta eterna grandeza del Brahmana no crece más por el trabajo, ni tampoco decrece. Que el hombre encuentre su camino, porque habiéndolo encontrado, ya no es mancillado por ninguna mala acción'.

Por lo tanto, aquel que lo conoce, tras haberse acallado y dominado, y hallándose en un estado de satisfacción, paciente y recogido, ve al ser en el Ser, ve como el Ser a todos. El mal no le controla, él domina todo el mal. El mal no le quema, él quema todo el mal. Libre del mal, inmaculado, libre de toda duda, se transforma en un (verdadero) brahmín; este es el mundo de Brahma, oh Rey", así habló Yagñavalkya.

Ganaka Vaideha dijo: "Señor, te entrego a los Videhas, y también a mí mismo, para juntos ser tus esclavos".

24. Sin duda, este es el gran Ser, el no nacido, el fuerte, el dador de la riqueza. Aquel que sabe esto logra riqueza.

25. Este gran Ser, no nacido, eterno inmortal, intrépido, es, no hay duda, Brahma. Intrépido es Brahma, y el que sabe esto se convierte en verdad en el intrépido Brahma.

QUINTO BRAHMANA

1. Yagñavalkya tenía dos mujeres, Maitréyi y Katyayani. De ellas dos, Maitréyi tenía trato con Brahma, Pero Katyayani poseía la misma sabiduría que las demás mujeres. Y Yagñavalkya, cuando quiso prepararse para otro estado de vida (cuando quiso renunciar al estado de padre de familia, y retirarse al bosque),

2. dijo: "Maitréyi, realmente me voy de casa al bosque. Así que déjame hacer un arreglo entre tú y Katyayani".

3. Maitréyi dijo: "Mi señor, si toda esta Tierra, llena de riquezas, fuera mía, dime, ¿me volvería inmortal por eso o no?"

"No", replicó Yagñavalkya "tu vida sería como la de la gente rica. Por riqueza no existe la esperanza de la inmortalidad".

4. Y Maitréyi dijo: "¿Qué debo hacer con todo aquello que no me ayuda para ser inmortal? Dígame, mi, Señor con claridad lo que sabe de la inmortalidad.

5. Yagñavalkya replicó: "Tú eres de verdad querida para mí, tú has hecho crecer lo que es querido para mí en ti. Por lo tanto, si quieres, mi Señora, te lo explicaré, y pon toda tu atención en lo que digo".

6. Y él dijo: "En verdad, un marido no es preciado para

que ames al marido; pero si es para amar al Ser, entonces sí es preciado.

Realmente, una esposa no es preciada, para que ames a la esposa; pero si es para amar al Ser, entonces sí es preciada.

En realidad, los hijos no son preciados, para que ames a los hijos; pero si es para amar al Ser, entonces sí son preciados.

Verdaderamente, la riqueza no es preciada para que ames la riqueza; pero si es para amar al Ser, entonces sí lo es.

En verdad, el ganado no es preciado para que ames al ganado; pero, si es para amar al Ser, entonces sí es preciado.

A decir verdad, la casta Brahmín no es preciada para que ames la clase Brahmín; pero si es para amar al Ser, entonces sí es preciada.

En verdad, la casta Kshatra no es preciada para que ames la clase Kshatra; pero si es para amar al Ser, entonces la clase Kshatra es preciada.

Realmente, los mundos no son preciados para que ames los mundos; pero si es para amar al Ser, entonces los mundos sí lo son.

En realidad, los Devas no son preciados para que ames los Devas; pero si es para amar al Ser, entonces sí son preciados.

En verdad, los Vedas no son preciados para que ames los Vedas; pero si es para amar al Ser, entonces los Vedas son preciados.

Verdaderamente, las criaturas no son preciadas para que ames las criaturas; pero si es para amar al Ser, entonces las criaturas sí lo son.

En verdad, todas las cosas no son preciadas para que ames todas las cosas; pero si es para amar al Ser, entonces se vuelven preciadas.

A decir verdad, el Ser debe ser visto, oído, percibido y conocido. ¡Oh Maitréyi! Cuando el Ser ha sido visto, oído, percibido y conocido, entonces todo es conocido.

7. Quienquiera que busque a la clase Brahmín fuera del

Ser, será dejado por la clase Brahmín. Quienquiera que busque a la casta Kshatra fuera del Ser, será abandonado por la clase Kshatra. Quien sea que busque los mundos fuera del Ser, será dejado por los mundos. Quienquiera que busque los Devas fuera del Ser, será abandonado por los Devas. El que busque los Vedas fuera del Ser, será abandonado por los Vedas. Quien busque las criaturas fuera del Ser, será dejado por las criaturas. Quienquiera que busque cualquier cosa fuera del Ser, será abandonado por esa cosa.

Esta clase Brahmín, esta clase Kshatra, estos mundos, estos Devas, estos Vedas, todos estos seres, todas las cosas, todo es ese Ser.

8. Los sonidos de un tambor, al ser tocado, no pueden capturarse de forma externa, pero el sonido es capturado, cuando se atrapa el tambor, o la persona que toca el tambor.

9. Y de la misma manera, los sonidos de una caracola, cuando se sopla, no pueden ser capturados externamente, pero el sonido se captura cuando se atrapa la caracola, o a la persona que sopla la caracola.

10. Y así, también los sonidos de un laúd, al ser tañido, se pueden capturar externamente, pero el sonido es capturado cuando se atrapa al laúd, o la persona que toca el laúd.

11. De igual forma que las nubes de humo proceden del fuego encendido con combustible húmedo, así, certeramente, oh, Maitréyi, ha nacido de este gran Ser lo que llamamos Rig-veda, Yagur-veda, Sama-veda, Atharvangirasas, Itihasa, Purana, Vidya, los Upanishads, Slokas, Sutras, Anuvyakyanas, Vyakhyanas, lo que es sacrificado, lo que es vertido, la comida, la bebida, este mundo y el otro mundo, y todos los seres. Solo de Él surgieron todas estas cosas.

12. Así como todas las aguas hallan su centro en el mar, el tacto en la piel, todos los sabores en la lengua, todos los olores en la nariz, todos los colores en el ojo, todos los sonidos en el oído, todas las percepciones en la mente, toda la sabiduría en el corazón, todas las accio-

nes en las manos, todos los movimientos en los pies, y todos los Vedas en las palabras,

13. así como una masa de sal carece de interior y exterior, pero en conjunto es una masa de sabor, de esa misma forma ese Ser no tiene interior ni exterior, pero en conjunto es una masa de conocimiento; y habiéndose alzado por encima de esos elementos, desaparece nuevamente en ellos. Cuando él se ha ido, no hay más sabiduría, oh, Maitréyi" así habló Yagñavalkya.

14. Entonces Maitréyi dijo: "Señor, ahora me has dejado en un estado de completo desconcierto. En verdad, no lo entiendo".

Pero él replicó: "Oh, Maitréyi, no digo nada que sea desconcertante. Realmente, ese amado Ser es imperecedero y de naturaleza indestructible.

15. Porque, cuando al parecer existe la dualidad, entonces uno ve al otro, uno huele al otro, uno gusta al otro, uno saluda al otro, uno oye al otro, uno percibe al otro, uno toca al otro, uno conoce al otro; pero cuando tan solo el Ser es todo esto, ¿cómo puede él ver a otro, cómo puede él oler a otro, cómo puede él gustar a otro, cómo puede él saludar a otro, cómo puede él oír a otro, cómo puede él tocar a otro, cómo puede él conocer a otro? ¿Cómo debería él conocer a Aquel por el cual sabe todo esto? Ese Ser debe ser descrito a través de las palabras: ¡No, no! Es incomprensible, porque no puede ser entendido; es imperecedero porque no puede fallecer; libre, no sufre y no fracasa. Oh, amada, ¿cómo debería él conocer al Conocedor? Así, oh Maitréyi, has sido instruida. Esto es lo referido a la inmortalidad". Habiendo dicho esto Yagñavalkya se fue al bosque.

SEXTO BRAHMANA

1. A continuación la estirpe:

1. (Nosotros) de Pautimashya,
2. Pautimahya de Gaupavana,

3. Gaupavana de Pautimashya,
4. Pautimashya de Gaupavana,
5. Gaupavana de Kausika,
6. Kausika de Kaundinya,
7. Kaundinya de Sandilya.
8. Sandilya de Kausika y Gautama,
9. Gautama,

2. de Agnivesya,

10. Agnivesya de Gargya,
11. Gargya de Gargya,
12. Gargya de Gautama,
13. Gautama de Saitava,
14. Saitava de Parasaryayana,
15. Parasaryayana de Gargyayana,
16. Gargyayana de Uddalakayana,
17. Uddalakayana de Gabalayana,
18. Gabalayana de Madhyandinayana,
19. Madhyandinayana de Saukarayana,
20. Suakarayana de Kashayana,
21. Kashayana de Sayakayana,
22. Sayakayana de Kausikayani,
23. Kausikayani,

3. de Ghritakausika,

24. Ghritakausika de Parasaryayana,
25. Parasaryayana de Parasarya,
26. Parasarya de Gatukarnya,
27. Gatukarnya de Asurayana y Yaska,
28. Asurayana de Travani,
29. Travani de Aupagandhani,
30. Aupagandhani de Asuri,
31. Asuri de Bharadvaga,
32. Bharadvaga de Atreya,
33. Atreya de Manti,
34. Manti de Gautama,
35. Gautama de Gautama,

36. Gautama de Vatsya,
37. Vatsya de Sandilya,
38. Sandilya de Kaisorya Kapya,
39. Kaisorya Kapya de Kumaraharita,
40. Kumaraharita de Galava,
42. Galava de Vidarbhi-kaundinya.
42. Vidarbhi-kaundinya de Vatsanapat Babhrava,
43. Vatsanapat Babhrava de Pathi Saubhara,
44. Pathi Saubhara de Ayasya Angirasa,
45. Agasya Angirasa de Abhuti Tvashtra,
46. Abhuti Tvashtra de Visvarupa Tvashtra,
47. Visvarupa Tvashtra de Asvinau,
48. Asvinau de Dadhyak Atharvana,
49. Dadhyak Atharvana de Atharvan Daiva,
50. Atharvan Daiva de Mrityu Pradhvamsana,
51. Mrityu Pradlivamsana de Pradhvamsana,
52. Pradlivamsana de Ekarshi,
53. Ekarshi de Viprakitti,
54. Viprakitti de Vyashti,
55. Vyashti de Sanaru,
56. Sanaru de Sanatana,
57. Sanatana de Sanaga,
58. Sanaga de Parameshthin,
59. Parameshthin de Brahmán,
60. Brahmán es Svayambhu, existente por sí mismo. Adoración a Brahma.

Quinto Adhaya

Primer Brahmana

1. Ese Brahma invisible es infinito, este Brahma visible es infinito. Este Brahma visible infinito viene de este Brahma invisible infinito. Al captar la plenitud de este Brahma visible infinito, queda ese Brahma invisible infinito.

Om es el éter, es Brahma. Existe el antiguo éter invisible y el éter visible de la atmósfera; así habló Kauravyayaniputra. Este (el Om) es el Veda (el medio para llegar al conocimiento), así lo conocen los brahmines. Mediante ello uno conoce todo lo que debe ser conocido.

SEGUNDO BRAHMANA

1. Los tres descendientes de Pragapati, los dioses, los hombres y los Asuras (malos espíritus) habitaron como Brahma karins, (estudiantes) con su padre Pragapati, Al terminar sus estudios, los dioses dijeron: "Señor, dinos algo". Él les pronunció la sílaba Da. Y les preguntó: "¿Entendisteis?" Ellos respondieron: "Sí, entendimos. Nos dijiste 'Damyata', 'estad entregados'". "Sí," dijo, "habéis entendido".

2. Entonces los hombres le dijeron: "Dinos algo, Señor'. Él les dijo la misma sílaba, Da. Entonces él les preguntó: "¿Comprendisteis?" Ellos dijeron: "Sí que comprendimos. Nos dijiste, 'Datta', 'Dedicaos'." "Sí", dijo él, "habéis comprendido".

3. Entonces los Asuras le dijeron: "Señor, dinos algo". Él les dijo la misma sílaba, Da. Entonces él les preguntó: "¿Entendisteis?" Ellos respondieron: "Sí, entendimos. Nos dijiste, 'Dayadham', 'Sed misericordiosos' ". "Sí", dijo él, "habéis entendido".

La voz divina del trueno repite el mismo Da, Da, Da, que quiere decir: estad entregados, dad, sed misericordiosos. Así pues, que sea enseñada esa tríada: la Entrega, la Dedicación y la Misericordia.

TERCER BRAHMANA

1. Pragapati es el corazón, es este Brahma, es todo esto. El corazón, hridaya, consiste en tres sílabas. Una sílaba es hri, y a aquel que sabe esto, sus sentidos y los objetos de los sentidos le traen ofrendas. Otra sílaba es da y a aquel que sabe esto, sus sentidos y los objetos de los sentidos le otorgan regalos. La otra sílaba es yam, y aquel que conoce esto, va al cielo (svarga) que se vuelve su mundo.

CUARTO BRAHMANA

1. Realmente este corazón es incluso eso, y en verdad fue el real Brahma. ¡Y el que conoce que este gran y glorioso primer nacido es el verdadero Brahma, conquista estos mundos, y así también conquistará cualquiera que fuesen los enemigos! Así es con quienquiera que sabe que este gran y glorioso nacido es el verdadero Brahma; porque Brahma es el verdadero.

QUINTO BRAHMANA

1. Al principio este mundo era agua. El agua creó el verdadero, y el verdadero es Brahma. De Brahma nació Pragapati, y de Pragapati los Devas (dioses). Los Devas adoran tan solo al verdadero (satyam). Este satyam consiste en tres sílabas. Una sílaba es sa, otra es t(i), y la tercera yam. La primera y la última sílaba son reales, y la del medio es la falsa. La falsa está rodeada por ambos costados por las verdaderas; y así la verdad prepondera. La falsa no hace daño a aquel que sabe esto.

2. Ahora bicn, lo que es real, es el Aditya (el sol), la persona que habita en ese astro, y la persona de visión clara. Estos dos reposan el uno en el otro, el primero descansa con sus rayos en el segundo, y el segundo con sus pranas (sentidos) en el primero. Cuando el segundo está a punto de abandonar esta vida, él ve ese astro todo blanco, y esos rayos (del sol) no regresan a él.

3. Ahora bien, de la persona en ese astro solar Bhuh es la cabeza, porque la cabeza es una, y esa sílaba es una; Bhuvah los dos brazos, porque los brazos son dos, y estas sílabas son dos; Svar el pie, porque los pies son dos, y estas sílabas son dos. Su nombre secreto es Ahar (día), y aquel que sabe esto, destruye (hanti) el mal y lo abandona.

4. De la persona de visión clara Bhuh es la cabeza, porque la cabeza es una, y esa sílaba es una; Bhuvah los

dos brazos, porque los brazos son dos, y estas sílabas son dos; Svar el pie, porque los pies son dos, y estas sílabas son dos. Su nombre secreto es Aham (ego), y aquel que sabe esto, acaba con (hanti) el mal y lo abandona.

SEXTO BRAHMANA

1. Esa persona, bajo la forma de la mente (manas), siendo realmente luz, está dentro del corazón, pequeña como un grano de arroz o cebada. Él es el que reina sobre todos, el señor de todos; él gobierna todo esto, todo lo que existe.

SÉPTIMO BRAHMANA

1. Dicen que el rayo es Brahma, porque el rayo atraviesa las nubes. Aquel conocedor de esto, que Brahma es el rayo, atraviesa el mal, porque en verdad Brahma es el rayo.

OCTAVO BRAHMANA

1. Que él medite en la palabra como una vaca. Sus cuatro ubres son las palabras Svaha, Vashat, Hanta y Svadha. Los dioses viven en dos de sus ubres, Svara y Vashat, los hombres en Hanta, y los antepasados en Svadha. El toro de esa vaca es la respiración (prana), el ternero la mente.

NOVENO BRAHMANA

1. Agni Vais vanara es el fuego dentro del hombre, por el que se digiere la comida. Su sonido es el que se escucha cuando uno tapa sus oídos. Cuando él está a punto de dejar esta vida, él no oye ese sonido.

Décimo Brahmana

1. Cuando la persona deja este mundo, va al viento. Así, el viento le hace hueco, como el agujero de una rueda de carruaje, y mediante ella sube más alto. Llega al sol. Entonces, el sol le hace espacio, como el agujero de una Lambara (instrumento musical), y así, ella sube más alto. Llega a la luna. Entonces la luna le hace sitio, como el agujero de un tambor, y a través de él se alza más alto, y llega al mundo donde no hay ni tristeza ni dolor. Allí él vive eternos años.

Undécimo Brahmana

1. Esta es realmente la mayor penitencia: un hombre enfermo siente dolor. Aquel que sabe esto, conquista el mundo más alto.

Esta es ciertamente la mayor penitencia: llevan a una persona fallecida al bosque. Aquel que conoce esto, conquista el mundo más alto.

Esta es, en verdad, la mayor penitencia: ponen a una persona muerta en el fuego. Aquel que sabe esto, conquista el mundo más alto.

Duodécimo Brahmana

1. Algunas personas dicen que la comida es Brahma, pero esto no es así, porque la comida se pudre sin la vida (prana). Otros dicen que la vida (prana) es Brahma, pero esto no es verdad porque la vida se seca sin la comida. Entonces, estas dos deidades (comida y vida), cuando se convierten en una, llegan al estado más alto (son Brahma). Así, Patrida le dijo a su padre: "¿Podré hacer algún bien a aquel que sabe esto, o podré hacerle algún mal?". Su padre le dijo, llamándole con la mano: "No es así, oh, Patrida; porque, ¿quién podrá lograr el estado supremo, si

únicamente ha llegado a la unidad de estas dos?" Y luego
añadió: "Vi, en realidad, la comida es Vi, porque todos
estos seres reposan en la comida". Y continuó diciendo:
"Ram; ciertamente, la vida es Ram, porque todos estos
seres se deleitan en la vida. Todos los seres descansan en
él, todos los seres se deleitan en aquel que conoce esto".

DECIMOTERCER BRAHMANA

1. A continuación sigue el Uktha.[57] En verdad, la respiración (prana) es Uktha, porque la respiración eleva
todo esto. De aquel que sabe esto, surge un hijo sabio,
conociendo el Uktha; logra unión y unidad con el Uktha.

2. A continuación siguen los Yagus. En verdad, la respiración es Yagus, porque todos estos seres están unidos
en la respiración. Para aquel que conoce esto se juntan
todos los seres para procurar su excelencia; consiguen
unión y unidad con los Yagus.

3. A continuación sigue el Saman. En realidad, la respiración es el Saman, porque todos estos seres se reúnen
en la respiración. Para aquel que es sabedor de esto, se
unen todos los seres para procurar su excelencia; llega a
la unión y la unidad con el Saman.

4. A continuación sigue el Kshatra. En verdad la respiración es el Kshatra, porque la respiración es Kshatra, la
respiración le protege de ser herido. Aquel que sabe esto,
obtiene Kshatra (poder), que no necesita ninguna protección; obtiene unión y unidad con Kshatra.

DECIMOCUARTO BRAHMANA

1. Las palabras Bhumi (tierra), Antariskha (firmamento) y Dyu (cielo) forman ocho sílabas. Un pie del
Gayatri consiste en ocho sílabas. Este pie son los tres
mundos. Y aquel que sabe de ese pie, conquista toda la
extensión de los tres mundos.

---

57   Meditación o himno denominado ukhta.

2. Los Rikas, el Yagumshi y el Samani forman ocho sílabas. Un pie (el segundo) del Gayatri, consiste en ocho sílabas. Este pie son los tres Vedas, el Rig-veda, el Yagur-veda y el Samaveda y aquel que conoce ese pie, conquista todo lo que abarca esa triple sabiduría.

3. El Prana (la inspiración), el Apana (la expiración), y el Vyana (la respiración interior) forman ocho sílabas. Un pie (el tercero) del Gayatri consiste en ocho sílabas. Este pie son las tres respiraciones vitales. Y el que conoce ese pie, conquista todo cuanto respira. Y de ese (Gayatri o palabra), este, en verdad, es el cuarto (turiya), el pie brillante (darsata), resplandeciendo en lo alto de los cielos. Lo que aquí se dice de "turiya" (el cuarto) también se dirige al Katurtha (el cuarto); lo que se dice de "darsatam padam" (el pie brillante) también va dirigido al que es como si fuera visto (la persona en el sol); y lo que se dice de "paroragas" (aquel que brilla en lo alto por arriba de los cielos) también se dirige a aquel que brilla más y más alto por encima de todos los cielos. Y el que así sabe de ese pie del Gayatri, también él brilla con gozo y gloria.

4. Ese Gayatri (como fue descrito antes con sus tres pies) reposa en ese cuarto pie, el brillante, en lo alto por encima del cielo. Y ese nuevamente descansa en el Verdadero (satyam), y el Verdadero es el ojo, porque al ojo se le sabe como verdadero. Y, por tanto, incluso ahora, si dos personas discuten, y uno dice, yo vi, y el otro dice, yo escuché, deberíamos, pues, confiar en el que dijo, yo vi. Y el Verdadero de nuevo reposa en la fuerza (balam), y la fuerza es la vida (prana), y ese Verdadero descansa en la vida. Así, dicen que la fuerza es más fuerte que el Verdadero. Así ese Gayatri descansa en relación con el ser (como vida). Ese Gayatri protege (attre) las respiraciones vitales (gayas); las gayas son los pranas (respiraciones vitales) y las protege. Y como protege (tatre) las respiraciones vitales (gayas), por eso se le llama Gayatri. Y ese verso Savitri que enseña el maestro, eso es (la vida, el prana, e indirectamente el Gayatri); y a quien sea que se lo enseña le protege sus respiraciones vitales.

5. Algunos enseñan ese Savitri como un verso Anushtubh diciendo que el lenguaje es Anushtubh, y que enseñamos ese lenguaje. Que nadie haga esto, sino que él enseñe el Gayatri como Savitri. E incluso si uno que sabe esto recibe lo que parece ser su premio (como maestro), no obstante, esto no es igual a un pie del Gayatri.

6. Si un hombre (un maestro) recibiera como sus honorarios estos tres mundos llenos de todas las cosas, lograría ese primer pie del Gayatri. Y, si un hombre recibiera como sus honorarios todo lo que abarca esta sabiduría tripartita, obtendría ese segundo pie del Gayatri. Y, si un hombre recibiera como sus honorarios todo aquello que respira, obtendría ese tercer pie del Gayatri. Pero "ese cuarto pie que brilla en lo alto por encima de los cielos", no puede ser alcanzado por nadie, ¿de dónde entonces se pueden recibir tales honorarios?

7. La adoración de ese (Gayatri):

"Oh Gayatri, tú tienes un pie, dos pies, tres pies, cuatro pies. Tú no tienes pies, porque eres desconocido. Adoración a tu cuarto pie brillante por encima de los cielos". Si alguien que sabe esto odia a alguien y dice: "Que él me obtenga esto", o "Que este deseo no se le cumpla a él", entonces ese deseo no se cumple a aquel contra el que él así rezó, o si él dice: "Que yo consiga esto".

8. Y entonces Ganaka Vaideha habló sobre este punto a Budila Asvatarasvi: "¿Cómo es posible que tú que hablabas como si conocieras al Gayatri, te hayas transformado en un elefante y me llevas a mí?" El respondió: "Su Majestad, yo no conocía su boca. Agni, el fuego es en realidad su boca; y si la gente amontona en el fuego lo que incluso parece ser mucha madera, lo consume todo. Y así, un hombre que sabe esto incluso aunque cometa lo que parece ser un gran mal, lo consume todo y se purifica, limpia y se libra del deterioro muerte".

DECIMOQUINTO BRAHMANA

1. La casa del Verdadero (el Brahma) está cubierta con

un disco dorado. Ábrelo, oh Püshan, para que podamos ver la naturaleza del Verdadero.

2. ¡Oh, Pushan, el único sabio, Yama (juez), Surya (sol) hijo de Pragapati, extiende tus rayos y reúnelos! Yo veo la luz que es tu forma más bella. Soy lo que él es (o sea, la persona en el sol).

3. ¡Respiración al aire y al inmortal! Entonces mi cuerpo acaba en cenizas. ¡Om! ¡Recuerda, mente! ¡Recuerda tus obras! ¡Recuerda mente! ¡Recuerda tus obras!

4. Aquí, llévanos a la beatitud por un buen camino, ¡tú, oh, Dios, que conoces todas las cosas! ¡Mantén alejado de nosotros el mal, y te ofreceremos todas las alabanzas!

Sexto Adhaya

Primer Brahmana

1. Harih, Om. Aquel que conoce el primero y el mejor, él mismo se vuelve el primero y en el mejor entre los suyos. En realidad, la respiración es lo primero y lo mejor. Aquel que sabe esto, se convierte en el primero y en el mejor entre su gente, y entre quien sea que él desee.

2. Aquel que conoce al más rico, se vuelve él mismo el más rico entre su gente. La palabra es lo más rico. Aquel que sabe esto, se vuelve el más rico entre su gente, y entre quienquiera que él desee.

3. Aquel que conoce el descanso firme, él mismo se siente firme en terreno uniforme accidentado. Ciertamente el ojo es el firme descanso, ya que mediante el ojo un hombre se siente firme en terreno uniforme y accidentado. Aquel que sabe esto, se siente firme en terreno uniforme y accidentado.

4. Aquel que conoce el éxito, sea cual fuera su deseo, lo logra. Verdaderamente, el oído es el éxito. Porque en el oído se hallan Prósperos todos estos Vedas. Aquel que sabe esto, sea cual fuere su deseo, lo obtiene.

5. Aquel que conoce el hogar, se convierte en hogar de

su propia gente, un hogar de todos los hombres. De verdad la mente es el hogar. Aquel que sabe esto, se transforma en hogar de su propia gente y en hogar de todos los hombres.

6. Aquel que conoce la generación, se vuelve rico en descendencia y en ganado. En verdad la semilla es la generación. Aquel que sabe esto, se hace rico en descendencia y en ganado.

7. Estos Pranas (sentidos), discutiendo entre ellos sobre quién era el mejor, fueron a Brahma y le preguntaron: "¿Quién es el más importante entre nosotros?" Él replicó: "Aquel cuya partida cause peor mal al cuerpo, él es el que más importa".

8. La lengua (el habla) partió, y tras ausentarse durante un año, volvió y dijo: "¿Cómo habéis vivido sin mí?" Ellos respondieron: "Como la gente muda: sin hablar con la lengua, pero respirando con la respiración, viendo con el ojo, oyendo con el oído, conociendo con la mente, generando con la semilla. Así hemos vivido". Entonces el habla, nuevamente en el cuerpo.

9. El ojo (la vista) se marchó, y después de estar ausente durante un año, regresó y dijo: "¿Cómo habéis podido vivir sin mí?" Ellos respondieron: "Como la gente ciega, sin ver con el ojo, pero respirando con la respiración, hablando con la lengua, oyendo con el oído, conociendo con la mente, generando con la semilla. Así hemos vivido". Entonces el ojo entró otra vez en el cuerpo.

10. El oído se fue, y tras no estar presente durante un año, regresó y dijo: "¿Cómo habéis podido vivir sin mí?" Ellos respondieron: "Como la gente sorda, sin oír con el oído, pero respirando con la respiración, hablando con la lengua, viendo con el ojo, conociendo con la mente, generando con la semilla. Así hemos vivido". Entonces el oído volvió a entrar en el cuerpo.

11. La mente se marchó, y después de estar ausente durante un año, volvió y dijo: "¿Cómo habéis podido vivir sin mí?" Ellos respondieron: "Como tontos, sin conocer con la mente, pero respirando con la respiración, viendo con el ojo, escuchando con el oído, generando con la se-

milla. Así hemos vivido". Entonces la mente entró nuevamente en el cuerpo.

12. La semilla se marchó, y tras ausentarse durante
un año, volvió y dijo: "¿Cómo habéis podido vivir sin mí?"
Ellos respondieron: "Como la gente impotente, sin gene-
rar con la semilla, pero respirando con la respiración,
viendo con el ojo, escuchando con el oído, conociendo
con la mente. As hemos vivido". Entonces la semilla regresó al cuerpo.

13. La respiración (vital), en el momento de irse, des-
garraba estos sentidos, como un gran, excelente caballo
del país sindhu podría desgarrar las clavijas a las que se
halla atado. Entonces, le dijeron: "Señor, no te vayas. No
podremos vivir sin ti". Él dijo: "Entonces, hacedme una
ofrenda". Ellos dijeron: "Que sea así".

14. Así, la lengua dijo: "Si yo soy la más rica, entonces, por ello, tú eres el más rico ". El ojo dijo: "Si yo soy
el descanso estable, entonces, por eso, tú posees el descanso estable". El oído dijo: "Si yo soy el éxito, así pues,
por ello, tú estás en posesión del éxito". La mente dijo "Si
yo soy el hogar, por ello, tú eres el hogar". La semilla dijo:
"Si yo soy la generación, por ello, tú posees la generación". Él dijo: "¿Cuál será mi alimento y cuál será mi vestido?"

Ellos respondieron: "Todo lo que existe, incluso hasta
la comida de los perros, gusanos, insectos y pájaros, esa
es su comida, y el agua tu vestido. El que conoce así
la comida (de la respiración), no come nada que no sea
bueno ni recibe nada que no sea buena comida. Los So-
triyas (teólogos védicos) que saben esto, se enjuagan la
boca con agua antes de comer, y se enjuagan la boca con
agua después de haber comido, creyendo que así visten
a la respiración (con agua)".

SEGUNDO BRAHMANA

1. Svetaketu Aruneya se dirigió al pueblo de los Pa-
ñkalas. Se acercó a Pravahana Gaivali, que iba paseando

(rodeado por sus hombres). Tan pronto como el rey le vio, le dijo: "¡Hijo mío!" Svetaketu respondió: "¡Señor!"

Entonces, el rey dijo: "¿Has sido instruido por tu padre?" "Sí", contestó.

2. El rey dijo: "¿Sabes cómo los hombres, cuando se marchan de aquí, se separan unos de otros?"

"No", respondió.

"¿Sabes cómo regresan a este mundo?"

"No", respondió.

"¿Sabes cómo ese mundo jamás se llena con todos los que, una y otra, vez parten hacia allá?"

"No", respondió.

"¿Sabes por la ofrenda de qué libación las aguas están dotadas de una voz humana y se levantan y hablan?"

"No", respondió.

"¿Conoces el acceso al camino que guía a los Devas y el camino que lleva a los antepasados, y por qué acciones el hombre logra encontrar el camino que conduce a los Devas o el que lleva a los antepasados?" Porque incluso hemos oído decir a un Rishi: "Oí hablar de dos sendas para los hombres, uno que conducía a los antepasados, y el otro que llevaba a los Devas. En esos caminos sigue andando todo lo que se mueve, todo lo que existe entre el padre (cielo) y la madre (tierra)".

Svetaketu dijo: "No sé responder ni tan solo a una de estas preguntas".

3. Entonces el rey le invitó a quedarse y aceptar su hospitalidad. Pero el chico, sin importarle la hospitalidad, se escapó, regresó a su padre y le dijo: "¡Así que decías de mí que estaba bien instruido!" El padre dijo: "¿Qué ocurre, pues, sabio?" El hijo replicó: "Raganya me hizo cinco preguntas y no pude contestar a ninguna de ellas".

"¿Cuáles eran estas?", dijo el padre.

"Estas fueron" contestó el hijo, repitiendo las diferentes preguntas.

4. El padre dijo: "Tú me conoces, criatura, y todo lo que conozco, te lo conté. Pero ven, iremos y viviremos allí como estudiantes".

"Tú puedes ir, Señor", contestó el hijo.

Entonces, Gautama fue al lugar donde vivía Pravahana Gaivali y el rey le ofreció su asiento, pidió agua para él, y le dio las ofrendas apropiadas. Después le dijo: "Señor, otorgamos un deseo a Gautama".

5. Gautama dijo: "Ese deseo se me promete; dime pues, las mismas palabras que dijiste en presencia de mi hijo".

6. Él dijo: "Eso forma parte de los deseos divinos, pídeme uno de los deseos humanos".

7. Él dijo: "Tú ya sabes que poseo suficiente oro, vacas, caballos, esclavos, asistentes y vestidos; no me des de lo que ya tengo en grandes cantidades, en abundancia y superabundancia".

El rey dijo: "Gautama, ¿quieres recibir enseñanza de mí de la forma adecuada?"

Gautama respondió: "Vengo a ti como un discípulo".

De palabra tan solo algunos sabios anteriores (aunque de la casta de los brahmines) habían llegado como discípulos (de gente de rango inferior), pero Gautama se quedó allí en verdad como discípulo (de Pravahana, que era un Raganya) para conseguir la fama de haber servido respetuosamente a su maestro[58].

8. El rey dijo: "No te sientas ofendido con nosotros, ni tú ni tus antepasados, porque hasta ahora este Conocimiento nunca estuvo en posesión de ningún brahmín[59]. Pero te lo revelaré, ya que, ¿quién podría rechazarte habiendo hablado de tal forma?

9. El altar (fuego), oh, Gautama, es ese mundo (cielo); el combustible es el mismo sol, el humo sus rayos, la luz el día, los carbones los puntos cardinales, las chispas los puntos cardinales intermedios. En ese altar los Devas ofrecen la libación Sraddha (que consiste en agua). De esa oblación nace el Soma, el rey (la luna).

---

58 El comentarista toma el punto de vista opuesto a Max Müller. Según el primero, en tiempos de infortunio, algunos sabios de casta superior habían sido discípulos de maestros de castas inferiores, no para aprender, según él, sino meramente para vivir. Por eso, según aquél, Gautama se hace discípulo de palabra meramente, pues iría contra toda ley el hacerlo de otro modo.

59 Aquí también la interpretación de Max Müller que él reconoce como hipotética, difiere de la de Shankara.

10. El altar, oh, Gautama, es Parganya (el dios de la lluvia); el combustible el mismo año, el humo las nubes, la luz el relámpago, los carbones el rayo, las chispas los truenos. En ese altar los Devas ofrecen Soma, el rey (la luna). De esa oblación nace la lluvia.

11. El altar, oh, Gautama, es este mundo; el combustible es la misma tierra, el humo el fuego, la luz la noche, los carbones la luna, las chispas las estrellas. En ese altar los Devas ofrecen la lluvia. De esa oblación surge la comida.

12. El altar, oh, Gautama, es el hombre; el combustible la boca abierta, el humo la respiración, la luz la lengua, los carbones el ojo, las chispas el oído. En ese altar ofrecen alimentos los Devas. De esa oblación nace la semilla.

13. El altar, oh, Gautama, es la mujer. En ese altar los Devas ofrendan la semilla. De esa oblación surge el hombre. Vive el tiempo que le toca vivir, y cuando fallece,

14. le llevan al fuego (pira funeraria), y verdaderamente el fuego del altar es fuego, el combustible combustible, el humo humo, la luz luz, los carbones carbones, las chispas chispas. En ese mismo fuego del altar, los Devas ofrecen al hombre, y de esa oblación emerge el hombre, de un color brillante.

15. Aquellos que saben esto (incluso los Grinasthas), y aquellos que, en el bosque, adoran la fe y al Verdadero (Bhahman Hiramyagarbha), van a la luz (arkis), de la luz al día, del día a la mitad creciente, de la mitad creciente a los seis meses en el momento en que el sol se va al norte, de esos seis meses al mundo de los Devas (Devaloka), del mundo de los Devas al sol, del sol al lugar del relámpago. Cuando de esta forma han llegado al lugar del relámpago, un espíritu se acerca a ellos y les guía a los mundos de Brahma. En estos mundos de Brahma viven ensalzados durante siglos. Para ellos no hay regreso.

16. Pero los que conquistan los mundos (estados futuros) a través del sacrificio, caridad, austeridad, van al humo, del humo a la noche, de la noche a la mitad decreciente de la luna, de esa mitad de la luna a los seis meses cuando el sol va al sur, de estos meses al mundo

de los antepasados, del mundo de los antepasados a la luna. Una vez llegados a la luna, se transforman en alimentos y así pues, allí los Devas se alimentan de ellos, de la misma forma en que los que hacen sacrificios se alimentan del Soma, conforme aumenta y disminuye. Pero cuando esto (el resultado de sus buenas acciones en la tierra) para, regresan otra vez a ese éter, del éter al aire, del aire a la lluvia, de la lluvia a la tierra. Y cuando han llegado a la tierra, se vuelven alimentos, son ofrecidos de nuevo en el fuego del altar que es el hombre, y de ahí nacen en el fuego de la mujer. Así nacen hacia los mundos, y hacen el mismo recorrido anterior.

No obstante, aquellos que no conocen ninguno de estas dos sendas, se convierten en gusanos, pájaros y reptiles."

TERCER BRAHMANA

1. Si un hombre quiere conseguir grandeza (riqueza haciendo sacrificios), sigue la regla upasad a lo largo de doce días (vive con pequeñas cantidades de leche), empezando un día auspicioso de media luna durante el progreso hacia el norte del sol, recogiendo a la vez, en una taza o plato hecho de madera de Udumbana, todo tipo de hierbas, incluyendo frutos. Barre el suelo (cerca del altar de la casa, avasathya), lo rocía, prepara el fuego, extiende hierba a su alrededor conforme las reglas, prepara la mantequilla purificada (agya), y un día, presidido por una estrella masculina (nakshatra), tras mezclar adecuadamente el Mantha (las hierbas, frutas, leche, miel, etcétera), hace el sacrificio (vierte el agya en el fuego), diciendo: "Oh, Gatavedas, a los dioses adversos que frustran los deseos de los hombres, a ellos ofrezco esa pócima para que así, sintiéndose ellos satisfechos, colmen todos mis deseos. ¡Svaha!

A esa deidad airada que reposa tumbada pensando que todas las cosas se mantienen separadas por ella, la adoro como auspiciosa con este chorro de 'ghee'. ¡Svaha!"

2. Luego dice, Svaha, al Primero, Svaha al Mejor, vierte el "ghee"[60] en el fuego y lo que queda lo echa en el Mantha (mortero).

Luego dice, Svaha a la Respiración, Svaha a aquella que es la más rica, vierte el "ghee" en el fuego y lo que queda lo vierte en el Mantha (mortero).

Luego dice, Svaha a la Palabra, Svaha al Apoyo, echa el "ghee" en el fuego, y lo que queda lo pone en el Mantha (mortero).

Luego dice, Svaha al Ojo, Svaha al éxito, vierte el "ghee" en el fuego, y lo restante lo echa en el Mantha (mortero).

Luego dice, Svaha al Oído, Svaha al Hogar, vierte el "ghee" en el fuego y lo que sobra lo echa en el Mantha (mortero).

Luego dice, Svaha a la Mente, Svaha a la Descendencia, echa el "ghee" en el fuego y los restos los vierte en el Mantha (mortero).

Luego dice, Svaha a la semilla, vierte el "ghee" en el fuego, y lo que queda lo echa en el Mantha (mortero).

3. Luego dice, Svaha a Agni (fuego), echa el "ghee" en el fuego y lo que queda lo vierte en el Mantha (mortero).

Luego dice, Svaha a Soma, vierte el "ghee" en el fuego, y lo que sobra lo echa en el Mantha (mortero).

Luego dice, Bhuh (tierra), Svaha, echa el "ghee" en el fuego, y los restos los vierte en el Mantha (mortero).

Luego dice, Bhuvah (firmamento), Svaha, vierte el "ghee" en el fuego, y lo restante lo echa en el Mantha (mortero).

Luego dice, Svah (cielo), Svaha, echa el "ghee" en el fuego, y lo que queda lo vierte en el Mantha (mortero).

Luego dice, Bhur, Bhuvah, Svah, Svaha, vierte el "ghee" en el fuego, y lo que sobra lo echa en el Mantha (mortero).

Luego dice, Svaha a Brahma (los sacerdotes), vierte el 'ghee" en el fuego, y los restos los echa en el Mantha (mortero).

Luego dice, Svaha a Kshatra (los caballeros), vierte el

---

60 Pronunciado "Gui" en español. Es mantequilla fundida, previamente limpiada de impurezas.

"ghee" en el fuego y lo que queda lo echa en el Mantha (mortero).

Luego dice, Svaha al Pasado, echa el "ghee" en el fuego y lo que queda lo vierte en el Mantha (mortero).

Luego dice, Svaha al Futuro, vierte el "ghee" en el fuego, y lo que resta lo echa en el Mantha (mortero).

Luego dice, Svaha al Universo, vierte el "ghee" en el fuego, y lo restante lo echa en el Mantha (mortero).

Luego dice, Svaha a Pragapati, vierte el "ghee" en el fuego, y lo que queda lo echa en el Mantha (mortero).

4. Luego lo toca (el Mantha, que está dedicado a Prana, respiración) y dice: "Eres ligero (como la respiración). Eres abrasador (como el fuego). Estás lleno (como Brahma). Eres firme (como el firmamento). Eres la morada de todos (como la tierra). Has recibido la bienvenida con Hiri (al inicio del sacrificio por el sacerdote prastroti). Eres bendecido con Hiri (a medio sacrificio por el sacerdote prastroti). Has sido cantado (por el sacerdote udgatri al comienzo del sacrificio). Eres cantado (por el udgatri a la mitad del sacrificio). Has sido alabado (por el adhvaryu al principio del sacrificio). De nuevo eres alabado (por el ágnidhura en la mitad del sacrificio). Eres brillante tras de las nubes. Eres grande. Eres poderoso. Eres alimento (como el Soma). Eres luz (como Agni, el fuego, el devorador). Eres el final. Eres la absorción de todas las cosas".

5. Entonces, sujeta al Mantha, diciendo: "Tú lo sabes todo, nosotros conocemos tu grandeza. Verdaderamente él es un rey, un gobernante, el señor supremo. Que ese rey, ese gobernante haga de mí el más grande de los Señores".

6. Luego se lo come, mientras dice: *"Tat savitrur varenyam* (Meditamos en esa luz adorable). Los vientos dejan caer miel para el hombre recto, los ríos ofrendan miel, ¡que nuestras plantas sean dulces como la miel! Bhuh (tierra) ¡Svaha!

Bhargo devasya dhimani (del divino Savitri) ¡Que la noche sea miel por la mañana, que el aire por encima de la tierra, que el cielo, nuestro padre, sean miel! ¡Bhuvah (firmamento) Svaha!

Dhiyo yo nah prokodayat. ¡Que el árbol esté lleno de miel, que el sol esté lleno de miel! ¡Que nuestras vacas sean dulces como la miel! Svah (cielo) ¡Svalia!"

Repite todo el verso Savitri, todos los versos sobre de la miel pensando ¡que yo sea todo esto! Bhur, Bhuvah, Svah, ¡Svaha! Tragándose todo de esta forma, se lava las manos, y se sienta tras del altar, girando la cabeza hacia el Este. Por la mañana adora a Aditya (el Sol), con el siguiente himno: "Tú eres el mejor loto de los cuatro cuartos, que pueda transformarme en el mejor loto entre los hombres". Entonces, volviendo del mismo modo que vino, se sienta detrás del altar y recita la lista genealógica.[61]

7. Uddalaka Auni enseñó esto (doctrina del Mantha) a su discípulo Vagasaneya Yagñavalkya, y dijo: "Si un hombre lo echara sobre un palo seco, crecerían ramas, y florecerían hojas".

8. Vagasaneya Yagñavalkya enseñó lo mismo a su discípulo Madhuka Paingya, y le dijo: "Si un hombre lo vertiera sobre un palo seco, crecerían ramas, y hojas florecerían".

9. Madhuka Paingya enseñó lo mismo a su discípulo Kula Bhagavitti, y le dijo: "Si un hombre lo echara sobre un palo seco, crecerían ramas, y hojas florecerían".

10. Kula Bhagavitti enseñó lo mismo a su discípulo Ganaki Ayasthuna, y le dijo: "Si un hombre lo vertiera sobre un palo seco, crecerían ramas y florecerían hojas".

11. Ganaki Ayasthuna enseñó lo mismo a su discípulo Satyakama Gabala, y le dijo: "Si un hombre lo vertiera sobre un palo seco, crecerían ramas y hojas florecerían".

12. Satyakama Gabala enseñó lo mismo a sus discípulos y les dijo: "Si un hombre lo echara sobre un palo seco, crecerían ramas, y hojas florecerían".

Que nadie cuente esto a nadie, salvo a un hijo o a un discípulo.

13. De la madera del árbol Udumbara se hacen cuatro cosas, el cucharón del sacrificio (sruva), la taza (kamasa), el combustible, y los dos palos para mezclar.

---

61 Probablemente se refiere a la lista genealógica que viene a continuación.

Hay diez tipos de semillas cultivables, arroz y cebada (brihiyavas), sésamo y judías (tilamashás), mijo y semilla de panizo (anupriyangavas), trigo (godhumas) lentejas (masuras) legumbres (khalvas), y algarrobas (khalakulas). Tras haberlas molido, las rocía con cuajada (dadhi), miel, y "ghee" y después ofrece las porciones adecuadas de mantequilla purificada (agya).

CUARTO BRAHMANA

1. La tierra es la esencia de todas estas cosas, el agua es la esencia de la tierra, las plantas del agua, las flores de las plantas, los frutos de las flores, el hombre de los frutos, la semilla del hombre.

2. Y Pragapati pensó, "permite que construya una casa para él", y creó una mujer (Satarupa).

Tam[62] srishtvadha upasta, tasmat striyam adha upasita. Sa etam prañkam gravanam atmana eva samudaparayat, tenainam abhyasrigat.

3. *Tasya vedir upastho, lomani barhis, karmadhishavane, samiddho madhyatas, tan mushkau. Sa y avan ha val vagapeyena yagamanasya loko bhavati tavan asya loko bhavati ya evam vidvan adhopahasam karaty a sa strinam sukritam vrinkte tha ya idam avidvan adhopahasam karaty asya striyah sukritam vriñgate.*

4. *Etad dha sma vai tadvidvan Uddalaka Arunir ahaitad dha sma vai tadvidvan Nako Maudgalya ahaitad dha sma vai tadvidvan Kumaraharita aha, bahavo marya brahmanayana nirindriya visukrito smal lokat prayanti ya idam avidvamso dhopahasam karantiri. Bahu va idam suptasya va gagrato va retah skandati.*

5. *Tad abhimrised anu va mantrayeta yan me dya retah prithivim askantsid yad ashadhir apy asarad yad apah, idam aham tad reta adade punar mam aitv indriyam punas tegah punar bhagah, punar agnayo dhishnya yathasthanam kalpantam, ity anamikangush-*

---

62 Según el traductor estas partes del texto no admiten traducción, por lo cual quedan en sánscrito.

thabhyam adayantarena stanau va bhruvau va nimriñ-gyat.

6. Si un hombre se ve a sí mismo en el agua, debería recitar el verso siguiente: "Dios quiera que haya en mí esplendor, fuerza, gloria, riqueza y virtud!"

Ella es la mejor de las mujeres y sus vestidos son puros. Así, que él se aproxime a una mujer cuyos vestidos sean puros, cuya forma sea pura, y se dirija a ella.

7. Si ella no se entrega, que él, como quiera, la soborne con regalos. Y si, aun así ella no se entrega, que él, a su gusto, la golpee con un palo o con la mano, y la conquiste, diciendo: "Con fuerza viril gloria arrebato tu gloria", y de esta forma ella se queda sin gloria.

8. Si ella se entrega, él dice: "Con fuerza viril y gloria te doy gloria", y así los dos son glorificados.

9. *Sa yam ikkhet kamayeta meti tasyam artham nish-taya mukhena mukham sandhayopastham asya ab-himrisya gaped angadangat sambhavasi hridayad adhi gayase, sa tvam angakashayo si digdhaviddham iva ma-dayemam amum mayiti.*

10. *Atha yam ikkhen na garbham dadhiteti tasyam ni-shtaya mukhena mukham sandhayabhipranyapanyad indriyena te retasa reta adada ity areta eva bhavati.*

11. *Atha yam ikkhed garbham dadhitesi tasyam artham nishtaya mukhena mukham sandhayapanyabhipranyad indriyena te retasa reta adadhamiti garbhiny eva bha-vati.*

12. Ahora bien, otra vez, si la mujer de un hombre tiene un amante y el marido le odia, que él (según la regla) prepare el lado de un cántaro sin cocer, extienda una capa de flechas en orden inverso, unte las tres cabezas de flecha con mantequilla, también en orden inverso, y haga el sacrificio, diciendo:

"Tú eres sacrificado en mi fuego, te quito tu inspiración y expiración.

Tú eres sacrificado en mi fuego, te quito tus hijos y tu ganado.

Tú eres sacrificado en mi fuego, te quito tus acciones buenas y sagradas.

Tú eres sacrificado en mi fuego, te quito tu esperanza y tus deseos."

Aquel a quien maldice un Brahmín que sabe esto se va de este mundo sin fuerzas y sin buenas acciones. Así pues, que nadie bromee con la mujer de un Srotriya que conoce esto, porque aquel que esto sabe, es un peligroso enemigo.

13. Cuando a la mujer le llega la enfermedad mensual, no debería beber de ninguna vasija metálica durante tres días, y llevar un vestido fresco. Que ningún Vrishala o Vrishali (una mujer o un hombre Sudra) la toque. Al finalizar los tres días, cuando ella se haya bañado, el marido debería prepararle arroz molido.

14. Y si un hombre desea que de él nazca un hijo blanco, y que conozca un Veda, y tenga una larga vida, entonces, después de preparar el arroz cocido con leche y mantequilla, los dos deberían comer, y disponerse a tener descendencia.

15. Y si un hombre desea que nazca de él un hijo bermejizo de ojos oscuros, y que conozca dos Vedas, y viva largos años, entonces, tras haber preparado arroz cocido con leche coagulada y mantequilla, ambos deberían comer, dispuestos a tener descendencia.

16. Y si un hombre desea que nazca de él un hijo moreno de ojos rojizos y que conozca tres Vedas y tenga larga vida, entonces, después de preparar arroz cocido con agua y mantequilla, ambos deberían comer, y disponerse para tener descendencia.

17. Y si un hombre quiere que de él nazca una hija sabia, y que viva largos años, entonces, después de haber preparado arroz cocido con sésamo y mantequilla, los dos deberían comer, disponiéndose para tener descendencia.

18. Y si un hombre desea que nazca de él un hijo sabio, famoso, un hombre público, un orador popular, que conozca todos los Vedas, y que tenga larga vida, entonces, tras haber preparado arroz cocido con carne y mantequilla, los dos deberían comer, disponiéndose para tener descendencia. La carne debe ser de un toro joven o viejo.

19. Y después, hacia la mañana, tras haber llevado a

cabo según la regla de Sthalipaka (cocción de la olla) la preparación del Agya (mantequilla purificada), él hace el sacrificio de Sthalipaka poco a poco, diciendo: "Esto es para Agni, ¡Svaha! Esto es para Anumati, ¡Svaha! Esto es para el divino Savitri, el verdadero creador, ¡Svalia!" Con el sacrificio hecho, saca el resto del arroz y se lo come, y tras comer de ello se lo da a su mujer. Después se lava las manos, llena una jarra de agua, y la rocía a ella tres veces, diciendo: "Levántate pues, oh, Visvavasu, busca otra doncella lozana, una mujer con su marido".

20. Entonces la abraza, y le dice: "Yo soy Ama (respiración), tú eres Sa (palabra). Tú eres Sa (palabra), yo soy Ama (respiración). Yo soy el Saman, tú eres el Rik. Yo soy el firmamento, tú eres la Tierra. Ven, esforcémonos juntos, para que sea engendrado un hijo varón".

21. Athasya uru vihapayari, vigihitham dyavaprithivi iti tasyam artham nishtaya mukhena mukham sandhaya trir enam anulomam anumarshti, Vishnur yonim kalpayatu, Tvashta rupani pimsatu, asiñkatu Pragapatir. Dhata garbham dadhatu te. Garbham dhehi Sinivali, garbham dhehi prithushtuke, garbham te Asvinau devav adhattam pushkaraseagau.

22. Hiranmayi arant Yabhyam nirmanthatam asvinau, tam te garbham havamehe dasame masi sutave. Yathagnigarbha prithivi, yatha dyaur indrena garbhini, vayur disam yatha garbha evam garbham dadhami te sav iti.

23. Soshyantim adbhir abhyukshati. Yatha vayuh pushkarinim samiñgayati sarvatah, eva te garbha egatu sahavaitu garayuna. Indrasyayam vragah kritah sargalah saparisrayah, tam indra nirgahi garbhena savaram saheti.

24. Cuando nace el niño, él prepara el fuego, pone al niño en su regazo, y vertiendo prishadagya, dadhi (leche gruesa) mezclada con ghrita (mantequilla purificada) en una jarra de metal, hace el sacrificio poco a poco de ese prishadagya, diciendo: "¡Dios quiera que, al crecer así mi casa, pueda dar alimento a mil! ¡Dios quiera que la fortuna jamás abandone el curso de su vida, con descendencia y ganado, Svaha!

Le ofrezco en mi mente las respiraciones vitales que hay en mí, ¡Svaha!

Cualquier cosa en la que me he sobrepasado por mucho, o cualquier cosa en la que me he excedido por poco, que el sabio Agni Svishtakrit lo transforme en bueno y adecuado para nosotros, ¡Svaha!"

25. Luego, poniendo su boca cerca del oído derecho del niño, repite tres veces, "¡Palabra, palabra!" Después de eso él vierte, mezclado, leche espesa, miel y mantequilla purificada, y alimenta al niño con una cuchara de oro puro, diciendo: "Le otorgo Bhuh, le otorgo Bhuvah, le otorgo Svah. Bhur, Bhuvah, Svah, le otorgo todo".

26. Después le da su nombre, diciendo: "Tú eres el Veda"; pero este es su nombre secreto.

27. Luego pasa el niño a su madre y le da su pecho, diciendo: "Oh Sarasvati, que tu pecho que es inagotable, delicioso, abundante, generoso, por el que regalas todas las bendiciones fluya aquí".

28. Tras eso se dirige a la madre del niño: "Tú eres Maitra Vamni; tú, mujer fuerte que has dado a luz un niño robusto. Seas bendita con niños fuertes ya que me has bendecido con un niño robusto".

Y ellos dicen de ese niño: "Ah, tú eres mejor que tu padre; oh, tú eres mejor que tu abuelo. Realmente, ha llegado al punto más alto en felicidad, alabanza y gloria védica aquel nacido como el hijo de un brahmín que sabe esto".

QUINTO BRAHMANA

1. A continuación la estirpe:

1. Pautimashiputra de Katyayaniputra,
2. Katyayaniputra de Gotamiputra,
3. Gotamiputra de Bharadvagiputra,
4. Bharadvagiputra de Parasariputra,
5. Parasariputra de Aúpasvatiputra,
6. Aúpas vatiputra de Parasariputra,

7. Parasariputra de Katyayaniputra,
8. Katyayaniputra de Kausikiputra,
9. Kausikiputra de Alambiputra y Vaiyaghrapadiputra,
10. Alambiputra y Vaiyaghrapadiputra de Kanviputra,
11. Kanviputra de Kapiputra,
12. Kapiputra.

2. de Atreyiputra,

13. Atreyiputra de Gautamiputra,
14. Gautamiputra de Bharadvagiputra,
15. Bharadvagiputra de Parasariputra,
16. Parasariputra de Vatsiputra,
17. Vatsiputra de Parasariputra,
18. Parasariputra de Varkaruniputra,
19. Varkaruniputra de Varkaruniputra,
20. Varkaruniputra de Artabhagiputra,
21. Artabhagiputra de Saungiputra,
22. Saungiputra de Sankritiputra,
23. Sankritiputra de Alambayaniputra,
24. Alambayaniputra de Alambiputra,
25. Alambiputra de Gayantiputra,
26. Gayantiputra de Mandukayaniputra,
27. Mandukayaniputra de Mandukiputra,
28. Mandukiputra de Sandiliputra,
29. Sandiliputra de Rathitariputra,
30. Rathitariputra de Bhalukiputra,
31. Bhalukiputra de Krauñkikiputrau,
32. Krauñkikiputrau de Vaittabhatiputra,
33. Vaittabhatiputra de Karsakeyiputra,
34. Karsakeyiputra de Prakinayogiputra,
35. Prakimayogiputra de Sañgiviputra,
36. Sañgiviputra de Prasñiputra Asurivasin,
37. Prasñiputra Asurivasin de Asurayana,
38. Asurayana de Asuri,
39. Asuri.

3. de Yagñavalkya,

40. Yagñavalkya de Uddalaka,
41. Uddalaka de Aruna,
42. Aruna de Upavesi,
43. Upavesi de Kusri,
44. Kusri de Vagasravas,
45. Vagasravas de Gihvavat Vadhyoga,
46. Gihvavat Vadhyoga de Asita Varshagana,
47. Asita Varshagana de Harita Kasyapa,
48. Harita Kasyapa de Silpa Kasyapa,
49. Silpa Kasyapa de Kasyapa Naidhruvi,
50. Kasyapa Naidhruvi de Vak,
51. Vak de Ambhini,
52. Ambhini de Adytia, el Sol.

Proviniendo de Aditya, el Sol, estos versos puros Yagus han sido proclamados por Yagñavalkya Vagasaneya.

4. Lo mismo hasta Sañgiviputra, luego,

36. Sañgiviputra de Mandukayani,
37. Mandukayani de Mandavya,
38. Mandavya de Kautsa,
39. Kautsa de Mahitthi,
40. Mahitthi de Vamakakshayana,
41. Vamakakshayana de Sandilya,
42. Sandilya de Vatsya,
43. Vatsya de Kusri,
44. Kusri de Yagñavakas Ragastambayana,
45. Yagñavakas Ragastambayana de Turu Kavasheya,
46. Turu Kavasheya de Pragapati,
47. Pragapati de Brahma,
48. Brahmán es Svayambhu, existente por sí mismo. ¡Adoración a Brahma!

SVETASVATARA UPANISHAD

Primer Adhyaya

1. Los estudiantes de Brahma preguntan: ¿Es Brahma la causa? ¿De dónde hemos nacido? ¿Cómo vivimos, y a dónde nos dirigimos? Oh, vosotros que conocéis a Brahma, decidnos, ¿a disposición de quién estamos, ya sea en el dolor o en el placer?

2. ¿Deberían considerarse como la causa el tiempo, la naturaleza, la necesidad, la suerte o los elementos, o aquel que es llamado la persona (purusha, vigñanatma)? Tampoco pucdc scr su unión, porque no es indepen diente, y también el ser es impotente, porque, a parte de él, existe una causa del bien y del mal.

3. Los sabios, dedicados a la meditación y a la concentración, han visto el poder que pertenece a Dios mismo, oculto en sus propias cualidades (guna). Él, siendo uno, supervisa todas esas causas, el tiempo, el ser y el resto.

4. Meditamos en él que, al igual que una rueda, tiene una piña con tres llantas, dieciséis puntas, cincuenta radios, con veinte contrarradios, y seis grupos de ocho; cuya cuerda única es múltiple, que sigue su curso por tres sendas diferentes, y cuya ilusión proviene de dos causas.

5. Meditamos en el río que contiene aguas de los cinco arroyos, que son bravías y tortuosas con sus cinco manantiales, cuyas olas son las cinco respiraciones vitales,

su nacimiento es la mente, y su curso los cinco tipos de percepciones. Tiene cinco remolinos, sus raudales (corrientes) son los cinco padecimientos; tiene cincuenta tipos de sufrimiento, y cinco ramas.

6. En esa vasta rueda de Brahma en la que todas las cosas habitan y reposan, el pájaro revolotea por todas partes, mientras piensa que el ser (en él) es diferente del motor (el dios, el Señor). Cuando es bendecido por él, entonces logra la inmortalidad.

7. Pero lo que es alabado (en los Upanishads) es el Brahma Supremo, y en él se encuentra la Tríada. El Brahma Supremo es el sostén incólume, es imperecedero. Los estudiantes de Brahma, cuando conocen lo que existe dentro de este mundo, se transforman en devotos y se funden en Brahma, libres del nacimiento.

8. El Señor (Isa) sostiene todo esto a la vez, lo perecedero y lo imperecedero, lo desarrollado y lo sin desarrollar. El ser vivo, no siendo un Señor, está atado, porque tiene que gozar de los frutos de sus acciones; pero en cuanto él ha conocido al dios (deva), se libera de todas las ataduras.

9. Existen dos, uno que conoce (isvara), y el otro que no conoce (giva); ambos sin nacimiento, uno fuerte, el otro débil; existe ella, la no nacida, mediante la cual cada hombre recibe la recompensa de su actuar; y existe el Ser infinito que aparece bajo todas las formas, pero el mismo es inactivo. Cuando un hombre halla estos tres, eso es Brahma.

10. Eso que es perecedero es el Pradhana (el primero), el inmortal e imperecedero es Hara. El único dios reina sobre lo perecedero (el pradhana) y el ser vivo. El meditar en él, el hacerse uno con él trae consigo, al final, el cese de toda la ilusión.

11. Cuando ese dios es conocido, se sueltan todas las cadenas, los padecimientos son destruidos y el nacimiento y la muerte paran. De la meditación en él nace, al deshacerse el cuerpo, el tercer estado, el del señorío universal; pero tan solo aquel que está "solo" está satisfecho.

12. Esto, que yace eternamente dentro del ser, ha ser

conocido; y nada aparte de esto debe que ser conocido. Conociendo al que disfruta, al disfrutado y al rey, todo ha sido declarado triple, y este es Brahma.

13. Del mismo modo en que la forma del fuego, aunque existe en la maleza, no puede ser vista, ni su semilla puede ser destruida, sino que debe capturarse con el palo y la maleza, así es en los dos casos, y el Ser debe ser capturado en el cuerpo por medio del pranava (la sílaba Om).

14. Haciendo de este cuerpo la maleza y de la sílaba Om la madera de lo alto de la montaña, el hombre, detrás haber practicado la meditación, percibirá al dios resplandeciente, como la chispa oculta en la madera.

15. Como el aceite en las semillas, como la mantequilla en la nata, como el agua en los lechos secos de los ríos, como el fuego en la madera, así el Ser puede ser descubierto dentro del ser, si el hombre le busca a través de la verdad y con penitencias.

16. Si él busca el Ser que se halla en todas las cosas, como la mantequilla se encuentra en la leche, que sepa que sus raíces son la sabiduría del ser y la penitencia. Ese es el Brahma enseñado por el Upanishad.

SEGUNDO ADHAYA

1. Savitri (el sol), habiendo recogido primero su mente y extendido sus pensamientos, dio forma a Agni (fuego), cuando él descubrió su luz, por encima de la tierra.

2. Con las mentes recogidas estamos a disposición del divino Savitri, de modo que así podamos ser bendecidos.

3. Que Savitri, tras alcanzar con su mente a los dioses al elevarse estos hacia el cielo, y después de haber llegado con sus pensamientos hasta el cielo, conceda a estos dioses el don de hacer brillar una gran luz.

4. Los sabios del gran sabio recogen su mente y sus pensamientos. Solo aquel que conoce la ley (Savitri) ha dispuesto las invocaciones; grande es la gloria del divino Savitri.

5. Tu vieja oración debe unirse a las alabanzas. ¡Que

mi canto surja como un sendero hacia el Sol! Que escuchen todos los hijos del inmortal, aquellos que han llegado a sus moradas celestiales.

6. Donde se frota el fuego, donde el viento se controla, donde fluye el Soma, allí nace la mente.

7. Amemos al antiguo Brahma por la gracia de Savitri; si haces de ese lugar tu morada, el camino no te hará daño.

8. Si un hombre sabio mantiene su cuerpo con sus tres partes rectas (pecho, cuello y cabeza), y dirige sus sentidos junto a la mente hacia el corazón, entonces en el barco de Brahma cruzará todos los torrentes que provocan el miedo.

9. Que aquel que controla todos los movimientos, reduciendo sus respiraciones, respire con suavidad por la nariz. Que el hombre sabio controle su mente sin desfallecer, ese carro guiado por caballos perversos.

10. Que haga sus ejercicios en un lugar llano, puro, sin piedras, fuego o polvo, delicioso por sus sonidos, su agua y sus paisajes, no desagradable a la vista, y lleno de refugios y cuevas.

11. Cuando se practica el Yoga, las formas que se notan primero, produciendo apariciones en Brahma, son: niebla, humo, el sol, el fuego, luciérnagas, relámpagos y la luna.

12. Cuando, así como la tierra, el agua, la luz, el calor, el éter nacen, la cualidad quíntuple del Yoga tiene lugar, y, así, ya no hay más enfermedad, vejez o dolor para aquel que ha logrado un cuerpo, producido por el fuego del Yoga.

13. Los primeros resultados del Yoga son: ligereza, salud, firmeza, buen color, una fácil pronunciación, un olor dulce y una excreción ligera.

14. De igual forma que un disco de metal (espejo), manchado por el polvo, resplandece nuevamente tras haberse limpiado, así también se halla una persona satisfecha y libre del dolor cuando ha presenciado la verdadera naturaleza del ser.

15. Y cuando a través de la verdadera naturaleza de su

ser ve, como por una lámpara, la verdadera naturaleza de Brahma, entonces habiendo conocido al dios no nacido, eterno que está más allá de todas las naturalezas, se halla libre de todas las ataduras.

16. En verdad él es el dios que mora todas las regiones: él es el primer nacido (como Hiranyagarbha), y él se encuentra en el vientre. Él ha nacido y nacerá. Se encuentra detrás de todas las personas, mirando a todas partes.

17. Al dios que se encuentra en el fuego, al dios que se halla en el agua, al dios que ha formado parte de todo el mundo, al dios que se halla en las plantas, al dios que está en los árboles, ¡adoración a ese dios, adoración!

TERCER ADHYAYA

1. El trampero[63] reina él solo por sus poderes, gobierna todos los mundos por sus poderes, es siempre el mismo, mientras las cosas nacen y existen; aquellos que saben esto son inmortales.

2. Como hay únicamente un Rudra, no permiten un segundo que gobierne todos los mundos por sus poderes. Se encuentra detrás de todas las personas, y tras haber creado todos los mundos él, el protector, los lleva hacia sí al final de los tiempos.

3. Ese único dios, teniendo sus ojos, su cara, sus brazos y sus pies en todas partes, al producir el cielo y la tierra, los forja juntos con sus brazos y sus alas.

4. Él, creador sostén de los dioses, Rudra, el gran Sabio, el señor de todas las cosas, el que antes dio a luz a Hiranyagarbha, que pueda darnos buenos pensamientos.

5. ¡Oh, Rudra, habitante de las montañas, enséñanos tu bienaventurada forma que es propicia, no terrible, y que no revela mal alguno!

6. ¡Oh, Señor de las alturas, haz que sea propicia esa flecha que tú, morador de las montañas, sostienes en tu

---

63 Shankara explica "trampa" (gala) por "maya".

mano para disparar! ¡No hagas daño a ningún hombre ni a ninguna bestia!

7. Los que más allá de esto conocen al Brahma Supremo, inmenso oculto en los cuerpos de todos los seres, que envuelve él solo, como el Señor, a todas las cosas, se vuelven inmortales.

8. Conozco a esa persona grandiosa (purusha) de brillante rostro más allá de la oscuridad. El hombre que de verdad le conoce, sobrepasa la muerte; no hay ningún otro sendero que andar.

9. Todo el universo está lleno de esta persona (purusha), y no hay nadie superior a ella; para ella no hay nadie diferente, nada es más grande o más pequeño, está solo, fijo como un árbol en el cielo.

10. Aquello que está más allá de este mundo no tiene forma y no conoce el sufrimiento. Aquellos que lo conocen, se vuelven inmortales, pero los demás sufren de verdad.

11. Ese Bhagavat existe en las caras, en las cabezas, en los cuellos de todos, él mora en la cueva del corazón de todos los seres, él lo llena todo, así pues, es el omnipresente Shiva.

12. Esa persona (purusha) es el gran señor; él es el motor de la existencia, él tiene el poder más puro de alcanzar todas las cosas, él es luz, él no conoce la destrucción.

13. La persona (purusha), no mayor que un pulgar, que habita siempre en el interior del corazón del hombre, es percibida por el corazón, el pensamiento y la mente; aquellos que lo saben se vuelven inmortales.

14. La persona (purusha) con mil cabezas, mil ojos, mil pies, habiendo rodeado la tierra por todos los lados, se expande más allá de ella por diez dedos de anchura.

15. Solo esa persona (purusha) es todo esto, lo que fue y lo que será; él también es el Señor de la inmortalidad; él es todo lo que crece por la comida.

16. Sus manos y pies están por todas partes, sus ojos y cabeza están en todas artes, sus oídos están en todas partes, lo abarca todo en el mundo.

17. Separado de todos los sentidos, y, no obstante, re-

flejando las cualidades de todos ellos, es el Señor y rey de todo, es el mayor refugio para todos.

18. El espíritu encarnado dentro de la ciudad de nueve puertas, el pájaro que revolotea afuera, el gobernador de todo el mundo, de todo lo que reposa y de todo lo que se mueve.

19. Agarra sin manos, corre sin pies, ve sin ojos, oye sin oídos. Él sabe todo cuanto puede ser conocido, pero nadie le conoce a él; le llaman el primero, el grande (purusha).

20. El Ser, más pequeño que lo pequeño, más grande que lo grande, se halla en el corazón del ser. El hombre que ha dejado todo dolor tras de sí, contempla la majestad, al Señor, el impasible, por la Gracia del creador (el Señor).

21. Sé que este ser de todas las cosas, indestructible y ancestral es infinito y omnipresente. Declaran que en él para todo el nacimiento, ya que los estudiosos de Brahma proclaman que él es eterno.

Cuarto Adhyaya

1. Él, el sol, sin ningún color, que, con un propósito en concreto, mediante su poder (sakti) produce colores sin fin, en el que todo esto se junta en el principio y se hace añicos al final, que él, el dios, nos conceda buenos pensamientos.

2. En realidad ese Ser es Agni (el fuego), el Aditya (el sol), es Vayu (el viento), es Kandramas (la luna); del igual forma que también es el firmamento estrellado, es Brahma (Hiranyagarbha), es el agua, es Pragapati (Virag).

3. Eres mujer, eres hombre; eres joven, eres doncella; tú, como un hombre anciano que se tambalea sobre su bastón, has nacido con la cara mirando hacia todas partes.

4. Eres la abeja de color azul oscuro, eres el loro verde de ojos rojos, eres la nube de tormenta, las estaciones, los mares. No tienes principio porque eres infinito. Tú, del que nacen todos los mundos.

5. Hay un ser que no ha conocido el nacimiento (hembra), roja blanca y negra, uniforme, pero produciendo mucha descendencia. Hay un ser que no ha conocido el nacimiento (varón) que la ama y yace a su lado; hay otro que la abandona, mientras ella come lo que ha de ser comido.

6. Dos pájaros, amigos inseparables, se sostienen al mismo árbol. Uno de ellos come el fruto dulce, el otro observa sin comer.

7. En el mismo árbol está el hombre afligido, y confuso por su propia impotencia (an-isa). Pero cuando ve al otro señor (isa) contento, y conoce su gloria, entonces su aflicción se desvanece.

8. Aquel que no conoce ese ser indestructible del Rig-veda, ese Supremo Ser como el éter donde habitan todos los dioses, ¿de qué le sirve el Rig-veda? Solo aquellos que lo conocen, descansan satisfechos.

9. Eso de donde el hacedor (mayin) exhala todo esto —los versos sagrados, las ofrendas, los sacrificios, las panaceas, el pasado, el futuro y todo cuanto declaran los Vedas—, en eso el otro queda atado mediante esa maya.

10. Conoce que Prakriti (naturaleza) es Maya (ilusión) y el gran Señor el Mayin (hacedor); todo el mundo está lleno de sus miembros.

11. Si un hombre le ha reconocido a aquel que siendo uno, reina todas las causas, en quien todo esto se junta y en quien todo se destruye de nuevo, aquel que es el Señor, el que da las bendiciones, el dios adorable, entonces habita para siempre en esa paz.

12. Él, el creador y sostenedor de los dioses, Rudra, el gran sabio, el señor de todos, que vio nacer a Hiranyagarbha, que nos otorgue buenos pensamientos.

13. Él, que es el soberano de los dioses, él en quien reposan todos los mundos, él, que gobierna a todos los seres de dos y cuatro piernas, a ese dios, hagamos sacrificios y oblación.

14. Él, que ha conocido a aquel que es más sutil que lo sutil, que en mitad del caos crea todas las cosas, que tiene diversas formas, que solo él lo abarca todo, el dichoso (Shiva), mora para siempre en la paz.

15. También en épocas anteriores fue el guardián de este mundo, el Señor de todos, oculto dentro de todos los seres. En él se unen los Brahmarshis y las deidades, y aquel que le conoce se deshace de las ataduras de la muerte.

16. Aquel que descubre que Shiva (el bendito) está escondido en el corazón de todos los seres, como la sutil capa que se origina de la mantequilla purificada, abarcando él solo todas las cosas, él conoce al dios, y se halla libre de cualquier atadura.

17. Ese dios, el hacedor de todas las cosas, el Ser Supremo, que siempre se encuentra en el corazón del hombre, es percibido por el corazón, el alma y la mente; aquellos que le conocen se convierten en inmortales.

18. Cuando aparece la luz, no hay ni noche, ni día, ni existencia ni no-existencia; solo Shiva (el bendito) se halla ahí. Esa es la luz adorable y eterna de Savitri, y de ahí proviene la antigua sabiduría.

19. Nadie le ha capturado por encima, o a través, o en el medio. No existe imagen alguna de aquel cuyo nombre es Gran Gloria.

20. Su forma no puede ser vista, nadie le nota con estos ojos. Aquellos que conocen a través del corazón y de la mente que él está en el corazón, se vuelven inmortales.

21. "No has conocido el nacimiento", con estas palabras alguien se aproxima a él temblando. ¡Oh, Rudra, que tu buen rostro me proteja para siempre!

22. ¡Oh, Rudra! ¡No causes daño a nuestros hijos, ni a nuestra propia vida, ni a nuestras vacas, ni a nuestros caballos! No mates a nuestros hombres en tu ira, pues, haciendo oblaciones, siempre te invocamos.

QUINTO ADHYAYA

1. En el Supremo Brahma imperecedero e infinito, donde están ocultos los dos, el conocimiento y la ignorancia, el uno, la ignorancia, muere, el otro, el conoci-

miento, es inmortal; mas, aquel que controla ambos, el conocimiento y la ignorancia, es otro.

2. Es aquel que, siendo tan solo uno, reina todas las causas, todas las formas, todos los gérmenes; es aquel que en el inicio da a luz en sus pensamientos al hijo sabio, el apasionado, a quien desea observar mientras nace.

3. En ese campo en el que el dios, tras desplegar una red de criaturas detrás de otra en diversas formas, lo repliega todo de nuevo, el Señor, el gran Ser, habiendo también creado a los señores, así mantiene su señorío sobre todas las cosas.

4. Así como el carro del sol brilla, iluminando todas las regiones, por encima, por abajo, y a través, así ese dios, el santo, el adorable, siendo uno, rige sobre todo lo que tiene la naturaleza de un germen.

5. Él, siendo uno, reina a todos y a todas las cosas, de forma que el germen universal madura su naturaleza, diversifica todas las naturalezas que pueden madurar y determina todas las cualidades.

6. Brahma (Hiranyagarbha) sabe esto, que se halla escondido en los Upanishads, que se encuentra oculto en los Vedas, como el germen de Brahma. Los antiguos dioses y poetas que lo conocieron se transformaron en ello y se hicieron inmortales.

7. Pero aquel que es dotado de cualidades y hace acciones para obtener frutos, y goza del premio de cualquier cosa que haya realizado, migra por sus propias acciones a través del señor de la vida, y, tomando todas las formas, es guiado por los tres Gunas por los tres caminos.[64]

8. También ese ser inferior, no mayor que un pulgar, pero radiante como el sol, que está dotado de personalidades y pensamientos, con la cualidad de mente y la cualidad de cuerpo, se ve incluso tan minúsculo como la punta de un aguijón.

9. Esa alma viviente se dice que es parte de la centésima parte de la punta de un pelo, dividida cien veces, y, no obstante, es infinita.

---

64 Los caminos del vicio, virtud y conocimiento.

10. No es una mujer, ni un hombre, ni es neutro; cualquier cuerpo que toma, solo con él se une.

11. A través de los pensamientos, del tacto, de la vista y de las pasiones, el Ser encarnado asume, sucesivamente, en diferentes lugares diversas formas, acorde con sus acciones, de la misma manera que el cuerpo crece cuando se le da comida y agua.

12. Ese Ser encarnado, según sus propias cualidades, asume muchas formas, burdas o sutiles, y, habiendo él mismo causado su unión con ellas, se le ve como uno y otro, mediante las cualidades de sus actos, y a través de las cualidades de su cuerpo.

13. Quien conoce a aquel que no tiene inicio ni fin, en medio del caos, creando todas las cosas, con múltiples formas, envolviendo él solo todas las cosas, está libre de cualquier atadura.

14. Aquellos que conocen a aquel que puede ser sentido por la mente, que no puede decir que sea el cuerpo, que crea la existencia y la no-existencia, el ser feliz (Shiva), que también crea los elementos, han dejado el cuerpo.

SEXTO ADHYAYA

1. Algunos hombres sabios, engañados, hablan unos de la Naturaleza, y otros del tiempo (como la causa de todas las cosas); pero es por la grandeza de Dios por la que esta rueda de Brahma gira.

2. Es el mandato del que siempre cubre este mundo, el conocedor, el destructor del tiempo, que asume las cualidades de todas las sabidurías, es a su mandato que esta creación se despliega, que es denominada tierra, agua, fuego, aire y éter;

3. aquel que, tras haber llevado a cabo esa acción y descansado de nuevo, y después de haber unido la esencia (el ser) con la materia, con uno, dos, tres u ocho, también con el tiempo y las cualidades sutiles de la mente,

4. que, tras comenzar las acciones dotadas de las tres cualidades, puede regir todas las cosas, no obstante,

cuando en la ausencia de todas estas, él ha causado la destrucción de lo hecho, continúa existiendo, siendo realmente diferente de lo que ha producido.

5. Él es el principio, el que produce las causas que unen (el alma con el cuerpo), y, al estar por encima de las tres clases de tiempo (pasado, presente y futuro), se le ve como si no tuviera parte, después de adorar primero a ese dios adorable, de múltiples formas,[65] la verdadera fuente de todas las cosas, como el habitante de nuestra propia mente.

6. Él está más allá de todas las formas de los tres (del mundo) y del tiempo, él es el otro, con el cual este mundo gira, cuando uno ha descubierto que aquel que trae el bien y aparta el mal, el señor de la felicidad, habita en el interior del ser, el inmortal, el apoyo de todos.

7. Conozcamos al supremo Señor de los señores, la más alta deidad de las deidades, el maestro de los maestros, el más alto, el dios, el señor del mundo, el adorable.

8. No hay ningún efecto y ninguna causa que le descubran, nadie se le puede igualar o mejorarle; su alto poder se revela como múltiple, como inherente, actuando como fuerza y conocimiento.

9. Él no tiene ningún maestro en el mundo, ni nadie reina sobre él, y ni siquiera existe indicio para descubrir quién es. Él es la causa, el señor de los señores de los órganos, de los sentidos, y no tiene padre ni señor.

10. Ese único dios que, espontáneamente, se encubrió a sí mismo, como una araña, tejiendo hilos desde la primera causa (prachana), nos deja entrar en Brahma.

11. Él es el único Dios, oculto en todos los seres, el que todo lo penetra, el ser dentro de todos los seres, que gobierna todas las acciones, que habita en todas las criaturas, el testigo, el observador, el único libre de las cualidades.

12. Él es el único que gobierna a muchos que parece que actúan, pero que en verdad no actúan; él multiplica

---

65 En este pasaje, como en otros muchos, la posible falta de sentido e incluso de conexión entre las frases, proviene del mismo texto original.

la única semilla. Los sabios que le perciben dentro de su ser, a ellos pertenece la felicidad eterna, no a otros.

13. Él es el eterno entre los eternos, el pensador entre los pensadores; que, siendo uno, cumple los deseos de muchos. El que ha conocido esa causa que debe ser aprendida por (la filosofía) Sankh y el Yoga (disciplina religiosa), se halla libre de todas las ataduras.

14. Allí no resplandece el sol, ni la luna y las estrellas, ni estos relámpagos, ni mucho menos este fuego. Cuando él brilla, todo brilla tras él; por su luz todo es iluminado.

15. Él es el único pájaro en medio del mundo; él también es como el fuego del sol que se ha puesto en el océano. Aquel hombre que de verdad le conoce, sobrepasa la muerte; no hay ningún otro camino a donde ir.

16. Él crea a todos, él conoce a todos, existente por sí mismo, el conocedor, el destructor del tiempo, que asume cualidades y conoce todo, el maestro de la naturaleza y del hombre, el señor de las tres cualidades (gunas), la causa del apego, de la existencia y la liberación del mundo.

17. Aquel que ha llegado a ser eso, él es el inmortal, y perdura como el señor, el conocedor, el eterno guardián de este mundo, que siempre reina este mundo, porque ningún otro es capaz de hacerlo.

18. Buscando libertad, me refugio en ese Dios que es la luz de sus pensamientos, aquel que primero crea a Brahma y le entrega los Vedas;

19. aquel que no tiene partes, que no lleva a cabo acciones, tranquilo, sin culpa, sin mancha, el puente más elevado hacia la inmortalidad como un fuego que ha consumido su combustible.

20. Únicamente cuando los hombres enrollen el firmamento como un cuerpo, el padecimiento llegará a su fin, a no ser que primero Dios sea conocido.

21. Mediante el poder de sus penitencias y por la gracia de Dios el sabio Svetasvatara ha proclamado en verdad a Brahma como el supremo y más santo a los mejores de los ascéticos, como fue aprobado por la compañía de los Rishis.

22. Este misterio supremo del Vedanta, comunicado en la edad anterior, no habrá de ser transmitido a aquel cuyas pasiones no se han controlado, ni a aquel que no es un hijo, ni un discípulo.

23. Si estas verdades han sido dictadas a un hombre que siente una devoción suprema por Dios, y por su Guru como por Dios, entonces brillarán, en verdad, resplandecerán.

PRASÑA UPANISHAD

PRIMERA PREGUNTA

¡Adoración al Ser Supremo! ¡Harih, Om!

1. Sukesas, Bharadvaga, y Saivya Satyakarna, y Saur-yayanin Gargya, y Kausalya Asvalayana, y Bhargava Vai-darbhi, y Kabandhim Katy ay ana, estos fueron devotos de Brahma, firmes en Brahma, buscando el Brahma Supremo. Ellos pensaban que el venerable Pippalada podría hablarles de todo eso, y, por tanto, agarraron combustible en sus manos (como discípulos) y fueron a él.

2. Ese Rishi les dijo: "Permaneced aquí un año más, haciendo penitencias y abstinencia y teniendo fe; entonces podréis hacer las preguntas que deseéis, y, si sabemos, os las responderemos todas".

3. Entonces, Kabandhin Katyayana se aproximó a él y le preguntó: "Señor, ¿de dónde surgen estas criaturas?"

4. Él respondió: "Pragapati (el señor de las criaturas) sentía deseos de tener de criaturas (pragáh). Hizo penitencias, y tras esto produjo un par, materia (rayi) y espíritu (prana), pensando que juntos producirían criaturas para él en muchas formas.

5. El sol es espíritu, la materia es la luna. Todo esto, lo que tiene y lo que no tiene cuerpo, es materia, y, así, el cuerpo en verdad es materia.

6. Ahora bien, Aditya, el sol, cuando sale, va hacia el Este, y así recibe en sus rayos a los espíritus del Este.

Y cuando ilumina el Sur, El Oeste, el Norte, el Cénit, el Nadir, los cuartos intermedios y todo lo demás, recibe en sus rayos a todos los espíritus.

7. Así él se alza, como Vaisvanara (que pertenece a todos los hombres) tomando todas las formas, como espíritu, como fuego. Esto ha sido dicho en el siguiente verso:

8. 'Ellos conocían a aquel que toma todas las formas, el dorado, que sabe todas las cosas, que asciende a lo más alto, solo en su esplendor, y nos calienta; el de los mil rayos, que mora en cien lugares, el espíritu de todas las criaturas, el sol, se eleva.'

9. Realmente, el año es Pragapati y de ahí salen dos caminos, el del Sur y el del Norte. Ahora bien, aquellos que aquí creen en sacrificios y donaciones piadosas, consiguen la luna únicamente como su mundo futuro, y regresan de nuevo. Por lo tanto, los Rishis que quieren descendencia, van hacia el Sur, y ese camino de los antepasados es materia (rayi).

10. Pero aquellos que han buscado el Ser por penitencia, abstinencia, fe y conocimiento, consiguen por el camino del Norte a Aditya, el sol. Este es el hogar de los espíritus, el inmortal, libre de peligro, el supremo. De ahí no vuelven, porque es el final. Así reza el Sloka:

11. Algunos le llaman el padre con cinco pies (las cinco estaciones),[66] y con doce formas (los doce meses), el dador de la lluvia en la parte superior del cielo; también otros dicen que el sabio es colocado en la mitad inferior, en la carroza con siete ruedas y seis rayos.

12. El mes es Pragapati; su mitad oscura es la materia, su mitad brillante, el espíritu. Es decir, al nos Rishis hacen sacrificios en la mitad radiante y otros en la otra mitad.

13. El día y la noche son Pragapati; su día es el espíritu, su noche la materia. Aquellos que se unan en amor durante el día malgastan su espíritu, pero es correcto unirse en amor por la noche.

14. La comida es Pragapati. De ahí crea la semilla, y de ella nacen estas criaturas.

---

66 Las cuatro estaciones más la estación de las lluvias.

15. Por consiguiente, aquellos que siguen esta regla de Pragapati (según se ha expuesto en el apartado 13) producen un par, y a ellos pertenece este mundo de Brahma de aquí. Pero a aquellos que hacen penitencia, abstinencia y viven en la verdad,

16. a ellos les pertenece ese mundo puro de Brahma, expresamente a esos en los que no hay maldad, engaño o falsedad."

SEGUNDA PREGUNTA

1. Entonces Bhargava Vaidarbhi le preguntó: "Señor, ¿cuántos dioses[67] mantienen lo que de esta manera ha sido creado y cuántos lo manifiestan[68] y quién es el mejor entre ellos?"

2. Él contestó: "El éter es ese dios, el viento, el fuego, el agua, la tierra, el habla, la mente, el ojo, el oído. Estos, cuando han manifestado su poder, disputan y dicen: Cada uno de nosotros guardamos este cuerpo y lo mantenemos.

3. Entonces Prana (la respiración, el espíritu, el aliento o la vida), como el mejor, les dijo: "No os engañéis, solamente yo, dividiéndome en cinco, guardo y mantengo este cuerpo.

4. Ellos eran incrédulos; así que él, por orgullo, dejó el cuerpo. Entonces, al salir él, todos los demás también lo hicieron, y cuando él regresó, todos los demás volvieron. Del mismo modo que las abejas salen cuando su reina sale y vuelven cuando ella vuélvelo hace, así también lo hicieron, el habla, la mente, el ojo y el oído; y, sintiéndose satisfechos, alabaron a Prana, diciendo:

5. Él es Agni (fuego), brilla como Surya (sol), él es Parganya (lluvia), el poderoso (Indra), él es Vayu (viento), él es a tierra, él es la materia, él es Dios, él es lo que es y lo que no es, y lo que es inmortal.

6. Como los radios en el cubo de una rueda, todo está

---

67 Devas: poderes, órganos, sentidos.
68 Manifiestan su poder respectivo.

fijo en Prana. Los versos del Rig-veda, Yagur-veda y Sama-veda, el sacrificio, los Kshatriyas, y los Brahmines.

7. Como Pragapati (señor de las criaturas), así, tú te mueves en el seno, en realidad naces otra vez. A ti, el Prana, estas criaturas traen ofrendas, a ti que habitas con los otros pranas (los órganos de los sentidos).

8. Tú eres el mejor mensajero de los Dioses, eres la primera ofrenda para los antepasados. Eres el verdadero trabajo de los Rishis, de los Atharvangiras.

9. Oh, Prana, tú eres Indra por tu luz, tú eres Rudra, como protector; te mueves en el cielo, eres el sol, el señor de las luces.

10. Cuando los bañas con tu lluvia, entonces, oh, Prana, estas criaturas tuyas gozan, esperando tener tanta comida como quieran.

11. Tú eres un Vratya, oh, Prana, el único Rishi, el consumidor de todo, el buen señor. Nosotros somos los dadores de lo que tú has de consumir, tú, oh, Matarisva, eres nuestro padre.

12. Haz propicio ese cuerpo tuyo que habita en el habla, en el oído, en el ojo y que llena la mente; ¡no te vayas!

13. Todo esto se halla en el poder de Prana, todo lo que existe en los tres cielos. Protégenos como una madre a sus hijos, y danos felicidad y sabiduría."

TERCERA PREGUNTA

1. Entonces Kausalya Asvalayana preguntó: "Señor, ¿cómo nace ese Prana (espíritu)? ¿Cómo entra en este cuerpo? Y ¿cómo sigue después de haberse dividido a sí mismo? ¿Cómo sale? ¿Cómo mantiene lo que está fuera y lo que está dentro?"

2. Él replicó: "Haces preguntas muy complicadas, pero eres amante de Brahma y, por tanto, te lo diré.

3. Este Prana (espíritu) nace del Ser. Como la sombra lanzada en un hombre, así el prana se expande por

encima de ello (el Brahma). Por el trabajo de la mente[69] entra en este cuerpo.

4. Al igual que un rey ordena a sus oficiales, diciéndoles: Gobernad los pueblos, así también ese Prana (espíritu) dispone de los otros pranas, cada uno para un trabajo distinto.

5. El Apana (la respiración abdominal) en los órganos de excreción y generación; el mismo Prana habita en el ojo y en el oído, pasando por la boca y la nariz. En el centro se encuentra el Samana (respiración prolongada), reparte igualmente lo que ha sido sacrificado como alimento por todo el cuerpo, y las siete luces provienen de él.

6. El Ser se halla en el corazón. Existen 101 arterias, y en cada una de ellas hay cien venas más pequeñas, y para cada una de estas ramas hay 72.000. En estas se mueve el Vyana (la respiración).

7. A través de ellas, el Udana (la expiración) nos alza al mundo del bien por las buenas obras, al mundo del mal por las malas obras, al mundo de los hombres por ambas.

8. El sol sale como el Prana externo, porque asiste al Prana en el ojo. La deidad existe en la tierra, se encuentra ahí en apoyo de Apana del hombre (respiración abdominal). El éter (entre el sol y la tierra) es el Samana (respiración prolongada), el aire es Vyana.

9. La luz es el Udana (expiración), y, así, aquel cuya luz se ha ido toma un nuevo nacimiento con sus sentidos absortos en la mente.

10. Cualquiera que sea su pensamiento (en el momento de la muerte) con eso él regresa a Prana, y el Prana, unido con la luz, junto con el ser (el givatma) sigue en el mundo, como se merece.

11. La descendencia de aquel que así conoce el Prana no fallece y él se vuelve inmortal. Así dice el Sloka:

12. Aquel que ha conocido el origen, la entrada, el lugar, la quíntuple distribución, y el estado interno del Prana, logra la inmortalidad, sí, logra la inmortalidad."

---

69 Se refiere a las buenas y malas acciones, que son el trabajo de la mente.

CUARTA PREGUNTA

1. Entonces Sauryayanin Gargya preguntó: "Señor, ¿quiénes son los que duermen en este hombre, y quiénes son los que están despiertos en él? ¿Cuál es el poder (deva) que ve los sueños? ¿De quién es la felicidad? ¿De qué dependen todos estos?"

2. Él replicó: "Oh, Gargya, de la misma manera que cuando el sol se pone todos sus rayos se reúnen en ese disco de luz, al igual que cuando el sol sale una y otra vez ellos aparecen, así también todos los sentidos se reúnen, en la facultad más elevada (deva), la mente. Por tanto, en ese momento ese hombre no oye, no ve, no huele, no gusta, no tiene tacto, no habla, no agarra, no disputa, no evacúa, no se mueve. Él duerme, eso es lo que dice la gente.

3. Los fuegos de los pranas están, por decirlo de alguna forma, despiertos en esa ciudad (el cuerpo). El Apana en el fuego Garhapatya, el Vyana en el fuego Anvaharyapakana; y debido a que es sacado del fuego Garhapatya, que es el fuego para poner afuera, el prana es el fuego Ahavaraya.

4. Ya que lleva de igual manera estas dos oblaciones, la expiración y la inspiración, él es el Samana (el sacerdote Hotri). La mente es el sacrificador, el Udana es el premio del Sacrificio, y todos los días guía al sacrificador a Brahma (en sueño profundo).

5. Allí, ese dios (la mente) goza en el sueño de la grandeza. Lo que ha sido visto, él lo ve de nuevo; lo que ha sido oído, él lo oye de nuevo; lo que ha sido disfrutado en diferentes países y regiones, lo disfruta de nuevo; lo que ha sido y no ha sido visto, oído y no oído, disfrutado y no disfrutado, él lo ve todo; él, siendo todo, ve.

6. Y cuando se halla subyugado por la luz, entonces ese dios no ve ningún sueño, y en ese momento esa felicidad nace en su cuerpo.

7. Y, oh, amigo, así como los pájaros van a un árbol

en busca de reposo, todo esto descansa en el Âtman Supremo.

8. La tierra y sus elementos sutiles, el agua y sus elementos sutiles, la luz y sus elementos sutiles, el aire y sus elementos sutiles, el éter y sus elementos sutiles; el ojo y lo que puede verse, el oído y lo que puede ser oído, la nariz y lo que puede ser olido, el gusto y lo que puede saboreado, la piel y lo que puede ser tocado, la voz y lo que puede ser hablado, las manos y lo que puede ser tocado, los pies y lo que puede ser andado, la mente y lo que puede ser percibido, el intelecto (buddhi) y lo que puede ser concebido, la personalidad y lo que puede ser personificado, el pensamiento y lo que puede ser pensado, la luz y lo que puede ser iluminado, el Prana y lo que es mantenido por él.

9. Pues él es quien ve, escucha, huele, gusta, percibe, concibe, actúa, aquel cuya esencia es el conocimiento, la persona, que habita en el Ser Supremo y es indestructible.

10. Aquel que conoce a ese ser indestructible, consigue lo supremo e indestructible; aquel que no tiene sombra, sin cuerpo, sin color, brillante... sí, oh, amigo, aquel que lo conoce, se vuelve omnisciente, se transforma en todo. Sobre esto hay este Sloka:

11. Oh, amigo, aquel que conoce a ese ser indestructible, en donde descansan el verdadero conocedor, los espíritus vitales (pranas), junto con todos los poderes (deva) y los elementos, él, siendo omnisciente, ha entrado en todas las cosas."

QUINTA PREGUNTA

1. Entonces Saivya Satyakama le preguntó: "Señor, si alguno entre los hombres meditase aquí hasta la hora de la muerte en la sílaba Om, ¿qué lograría por ello?"

2. Él replicó: "Oh, Satyakama, la sílaba Om (AUM) es la más alta y también el otro Brahma; por lo tanto, aquel que lo conoce llega por el mismo camino a uno de los dos.

3. Si él medita en un Matra (él A), entonces, siendo iluminado solo por ese, llega rápidamente a la tierra. Los versos Rik le guían al mundo de los hombres, y siendo dotado allí con la penitencia, la abstinencia y la fe, goza de la grandeza.

4. Si él medita en dos Matras (AU), llega a Manas[70] y es conducido por los versos Yagus al firmamento, al mundo del Soma. Habiendo gozado de la grandeza en el mundo del Soma, él regresa de nuevo.

5. Otra vez, aquel que medita en esta sílaba AUM de tres Matras,

en la Persona Suprema, él llega a la luz y al sol. Y del mismo modo en que una serpiente queda libre de su piel, así él queda libre del mal. Él es guiado por los versos Saman al mundo de Brahma; y de él, lleno de vida (Hiranyagaibha, el señor de Satyaloka), aprende a ver al que todo lo penetra, a la Persona Suprema. Sobre esto hay estos dos Slokas:

6. Los tres Matras (AUM), si se usan por separado y tan solo se unen una con otra, son mortales; pero en actos, externos, internos o intermedios, si se ejecuta bien, el sabio no tiembla.

7. A través de los versos Rik él llega a este mundo, mediante los versos Yagur al firmamento, a través de los versos Saman a eso que enseña el poeta; él llega a esto por medio del Onkara; el sabio llega a ese lugar en el que hay descanso, libre de la corrupción, de la muerte, del miedo, lo Supremo."

Sexta Pregunta

1. Entonces Sukesas Bharadvaga le preguntó diciendo: "Señor, Hiranyanabha, el príncipe de Kosala, vino a mí y me hizo esta pregunta: ¿Conoces a la persona de dieciséis partes, oh, Bharadyaga? Yo le dije al príncipe: no le conozco; si lo hiciera, ¿cómo no iba a decírtelo? En

---

70 Literalmente, la mente; aquí conserva su sentido original, la luna.

verdad, aquel que habla con falsedad acaba por pudrirse hasta la misma raíz; así, no diré lo que no es verdad. Diciendo esto se montó en un carro y se fue en silencio. Ahora te pregunto: ¿dónde está esa persona?"

2. Él replicó: "Amigo, esa persona está aquí, dentro del cuerpo; aquel en el cual se alzan estas dieciséis partes".

3. Él reflexionó: "¿Qué es eso cuya marcha causa también la mía, y cuya permanencia me hace a mí quedarme?

4. Él creó el Prana (espíritu); del Prana Sraddha (la fe), el éter, el aire, la luz, el agua, la tierra, los sentidos, la mente, la comida; de la comida nació el vigor, las penalidades, los himnos, el sacrificio, los mundos, y en los mundos también el nombre (o forma).

5. De igual forma en que estos ríos que, fluyendo, van hacia el océano, y cuando llegan a él, se hunden en él, desapareciendo, su nombre y forma se rompen, de modo que la gente habla solo del océano, exactamente del mismo modo estas dieciséis partes del espectador que se dirige hacia la persona (purusha), cuando llegan a la persona, se hunden en ella, desvaneciéndose su nombre y su forma, de manera que la gente habla únicamente de la persona, pues se torna sin partes e inmortal. Sobre esto hay este verso.

6. A esa persona que tiene que ser conocida, aquel en el que reposan estas partes, como rayos en el centro de una rueda, tú lo conoces, a menos que te llegue la muerte."

7. Entonces el Supremo (Pippalada) les dijo: "¡Conozco a este Supremo Brahma no hay nada más alto!"

8. Y luego, alabándole, dúo: "En verdad tú eres nuestro padre, tú que nos llevas desde nuestra ignorancia a la otra orilla".

¡Adoración a los supremos Rishis!
¡Adoración a los supremos Rishis!
¡Tam Sat! ¡Hari, Om!

MAITRAYANA BRAHMANA UPANISHAD

PRIMER PRAPATHAKA

1. La preparación del sacrificio del fuego descrito antes es en realidad el sacrificio del fuego. Por tanto, que aquel que hace el sacrificio, tras haber preparado esos fuegos, medite en el Ser. Solo así el que hace el sacrificio se vuelve completo y sin mácula.

Pero, ¿en quién hay que meditar? En aquel que es llamado Prana (respiración). Acerca de él existe esta historia:

2. Un rey, llamado Brihadratha, tras ceder a su hijo su soberanía, se fue al bosque, porque creía que este cuerpo era algo transitorio. Así pues, había logrado liberarse de todos los deseos. Después de haber hecho las más difíciles austeridades, se puso de pie con los brazos en alto, mirando al sol. Al final de unos mil días, el Santo Sakayanya, que conocía el Ser, se le aproximó, brillando con esplendor, como un fuego sin humo. Le dijo al rey: "¡Levántate, levántate! Elige un presente".

El rey, postrándose ante él, le dijo: "Oh, Santo, yo no conozco al Ser, pero tú conoces la esencia (del Ser). Eso hemos oído. Enséñanoslo".

Sakayanya replicó: "Esto fue logrado hace, siglos; pero lo que tú pides es complicado de conseguir. Oh, Aikshvaka, elige otros placeres".

El rey, tocando los pies del Santo con su cabeza, recitó este Gatha:

3. "Oh, Santo, ¡qué sentido tiene el disfrutar de los gozos en este cuerpo repugnante y falto de esencia: una mera masa de huesos, piel, nervios, médulas, carne, simiente, sangre, mucosidad, lágrimas, flema, inmundicias, agua, bilis, y baba! ¡Qué sentido tiene el disfrutar de los placeres de este cuerpo que es atacado por la lujuria, el odio, la avaricia, el engaño, la angustia, la envidia, la separación de lo que es amado, la unión con lo que no es querido, el hambre, la sed, la vejez, la muerte, la enfermedad, la tristeza y otros males!

4. Y vemos que todo esto es perecedero, como estas moscas, mosquitos y otros insectos, como las hierbas y los árboles, crecen y perecen. Y no solo estos; hay otros grandes seres, expertos en el manejo del arco, reyes de imperios, Sudyumna, Bhuridyumna, Indradyumna, Kuvalayasva, Yati vanas va, Vadhryasva, Asvapati, Sasabindu, Hariskandra, Ambausha, Nahusha, Ananata, Saryati, Yayati, Anaranya, Ukshasena, y gobernantes como Maruta, Bharata (Danshayanti), y otros, que, frente a los ojos de su familia, dieron la mayor felicidad, y de este mundo fueron al otro. Y no solo estos; hay otros grandes seres. Vemos la destrucción de Gandharvas, Asuras, Yakshas, Rakshasas, Bhutas, Ganas, Pisakas, serpientes y vampiros. Y no solamente estos; se secan los grandes océanos, se caen las montañas, se mueve la estrella polar, se cortan las cuerdas del viento (que sujetan las estrellas), la tierra se sumerge y los dioses (suras) se van de su lugar. En un mundo así, ¡qué sentido tiene el gozar de los placeres, si el que los ha alimentado tiene que regresar a este mundo una y otra vez! ¡Dígnate, por lo tanto, a sacarme de él! En este mundo soy una rana en un pozo seco. ¡Oh, Santo, tú eres mi senda, tú eres mi camino!"

SEGUNDO PRAPATHAKA

1. Entonces, el Santo Sakayanya, completamente complacido, le dijo al rey: "Gran rey Brihadratha, eres el estandarte de la raza de Ikshvaku; logrando con rapidez el Conocimiento del Ser, eres feliz y eres renovado por el nombre de Marut, el viento. En realidad este es tu ser".

"¿Cuál, oh, Santo?", dijo el rey. Entonces, el Santo le dijo:

2. "Aquel que, sin parar la expiración, procede hacia arriba y que, modificado (por impresiones), y no obstante, no modificado, aparta la oscuridad (del error), él es el Ser. Así dijo el Santo Maitri." Sakayanya siguió explicando al rey Brihadhatha: "Aquel que, en perfecto reposo, alzándose por encima de este cuerpo, alcanzando la luz suprema, nace en su propia forma, el intrépido, este es Brahma.

3. Esta es la ciencia de Brahma y la ciencia de todos los Upanishads, oh, rey, que nos fue transmitida por el Santo Maitri. Te la contaré:

Oímos (en los archivos sagrados) que, en una época existieron los Valakhilyas, que habían dejado todo mal, y que eran vigorosos y desapasionados. Ellos dijeron al Pragapati Kratu: 'Oh, Santo, este cuerpo no tiene inteligencia, como un carruaje. ¿A qué ser sobrenatural pertenece este gran poder por el que un cuerpo así ha recibido la inteligencia? o, ¿quién es el cochero? Lo que conoces, oh, Santo, dínoslo." Pragapati respondió diciendo:

4. "Aquel que en el Sruti es llamado 'el ser Supremo', como los ascéticos desapasionados en mitad de los objetos del mundo, verdaderamente él es puro, limpio, tranquilo, sin aliento, sin cuerpo infinito, imperecedero, firme, eterno, sin nacimiento, independiente, existe en su propia grandeza, y por él este cuerpo ha recibido la inteligencia, y él también es su cochero."

Aquellos exclamaron: "Oh, Santo, ¿cómo este cuerpo ha recibido la inteligencia por un Ser así que no tiene deseos y cómo es él su cochero?" Él les contestó diciendo:

5. "Ese Ser que es muy pequeño, invisible, incompren-

sible, llamado Purusha, existe por su propia voluntad, e igual que un hombre de sueño ligero se despierta cuando así lo desea. Y esta parte (del Ser) que es por completo inteligente, reflejada en el hombre (como el sol en distintas vasijas de agua), conociendo el cuerpo (kshetragña) atestiguado por su concepción (imaginación), voluntad y creencia, es Pragapati (señor de las criaturas), llamado Visva. Por él, el inteligente, este cuerpo recibe la inteligencia, y de ello él es el cochero."

Ellos le dijeron: "Oh, Santo, si, esto ha recibido la inteligencia por un Ser así, que no desea, y si él es su cochero, ¿cómo sucedió todo esto?" Él les respondió, diciéndoles:

6. "En el principio, Pragapati (el señor de las criaturas) estaba solo. No tenía felicidad estando solo. Entonces, meditando en sí mismo, creó muchas criaturas. Las observó y vio que eran como una piedra, sin entendimiento, que se erguían como un poste sin vida. Él no sentía felicidad, así que pensó: 'Me adentraré en ellos para que puedan despertar'. Convirtiéndose en aire (vayu) entró en ellos. Al ser uno, no podía hacerlo. Entonces se dividió en cinco partes, y se llamó Prana, Apana, Samana, Udana y Vyana. Ese aire que sube es Prana. Eso que se mueve hacia abajo es Apana. Eso por lo que se supone que estos dos se mantienen es Upana. Eso por lo que se supone que estos dos se mantienen es Vyana. Eso que transporta la materia más grosera de los alimentos al Apana, y lleva la materia más sutil a cada miembro, se denomina Samana. (Tras estos —Prana, Apana, Samana— viene el trabajo del Vyana, y entre ellos —el Prana, Apana y Samana en un lado y el Vyana en otro— surge el Udana.) Eso que lleva para arriba o para abajo lo que ha sido bebido y comido es el Udana.

Ahora bien, la vasija Upamsu (o prana) depende de la vasija Upamsu (prana), y, entre estas dos, el ser brillante (ser) produce calor. Este calor es el purusha (persona), y este purusha es Agni Vais vanara, y así se ha dicho en otra parte: Agni Vaisvarana es el fuego en el interior del hombre, por el que el alimento que se come es cocinado, es decir, digerido. Su sonido es aquel que uno oye si cierra sus oídos. Cuando un hombre está a punto de abandonar esta vida, no oye ese ruido'.

Ahora bien, él, habiéndose dividido a sí mismo en cinco partes, se halla oculto en un lugar secreto (buddhi), asumiendo la naturaleza de la mente, teniendo los pránas como su cuerpo, brillante, teniendo verdaderos conceptos, y libre como el éter. Aun así, sintiendo que no ha logrado su objeto, piensa desde dentro de su corazón: Disfrutemos de los objetos'. Por lo tanto, habiendo primero abierto estas cinco puertas (de los sentidos), él goza de los objetos mediante las cinco riendas. Esto significa que estos órganos de percepción (vista, oído, gusto, olfato y tacto) son sus tiendas; los órganos activos (lengua —para hablar— manos y pies, ano, órgano generativo) sus caballos; el cuerpo su carro, la mente el cochero, siendo el látigo el temperamento. Guiado por ese látigo, este cuerpo da vueltas como la rueda que maneja el alfarero. Este cuerpo recibe la inteligencia, y él es su cochero.

Este es en realidad el Ser, que pareciendo lleno de deseos y dominado por frutos buenos o malos de la acción, va de un sitio a otro en todos los cuerpos (quedando él mismo libre). Porque él no se manifiesta, puesto que es infinitamente pequeño, invisible. Ya que no puede ser atrapado y no está apegado a nada, así pues, él, que parece cambiante, un agente en eso que no es (prakriti), no es en realidad un agente y es inmutable. Él es puro, firme, estable, inmaculado, inamovible y libre del deseo, y permaneciendo un espectador, reposa en sí mismo. Habiéndose escondido a sí mismo en el manto de las tres cualidades, él aparece como el que disfruta de rita (de sus buenas obras)"

TERCER PRAPATHAKA

1. Los Valakhiyas dijeron a Pragapati Kratu: "Oh, Santo, si así tú nos enseñas la grandeza de ese Ser, entonces, ¿quién es ese otro ser distinto, también llamado Ser que, subyugado por los buenos y malos frutos de la

acción, toma un nacimiento bueno o malo? Hacia arriba o hacia abajo en su curso, y dominado por los pares de opuestos (la distinción entre el calor y el frío, el placer y el dolor) va de un lugar a otro".

2. Pragapati Kratu replicó: "Es verdad que existe otro ser diferente, llamado el Ser elemental (Bhutatma) que, subyugado por los frutos buenos y malos de la acción, tiene un nacimiento bueno o malo: hacia abajo o hacia arriba en su curso, y dominado por los pares de opuestos, va de un lugar a otro. Y esta es su explicación: Los cinco Tanmatras (sonido, tacto, forma, gusto y olfato) son llamados Bhuta; también los cinco Mahabhutas (elementos groseros) son llamados Bhuta. Luego, el total de todos estos se llama sarira, cuerpo. Y Último aquel del que se dijo que moraba en el cuerpo, se ama Bhutatma, el Ser elemental. Así pues, su Ser inmortal es como una gota de agua sobre una hoja de loto, y él mismo es dominado por las cualidades de la naturaleza. Entonces, al ser subyugado de esa forma, quedó aturdido, y al quedar así, dejó de ver al creador, al sagrado Señor, viviendo dentro de él mismo. Arrastrado por las olas de las cualidades, oscurecido en sus imaginaciones, inestable, voluble, inválido, lleno de deseos vacilante, comienza a creer: 'Yo soy él', 'esto es mío'; y creyendo esto, ata su Ser como un pájaro con una red, y, dominado después por los frutos de lo que ha hecho, consigue un nacimiento bueno o malo. Hacia abajo o hacia arriba en su curso, y dominado por los pares de opuestos, va de un lugar a otro".

Aquellos preguntaron: "¿Qué es ello?" Y él les respondió así:

3. "Esto también ha sido dicho en otro lugar: Aquel que actúa es el Ser elemental, aquel que actúa a través de los órganos, es el hombre interior (antahpurusha). Ahora bien, de la misma forma en que incluso una bola de hierro, subyugado por el fuego y martilleado por los herreros, puede tomar diferentes formas: curva, redonda, grande, pequeña, así también el Ser elemental, subyugado por el hombre interior y martilleado por las cualidades, se vuelve múltiple. Y las cuatro tribus (mamíferos,

pájaros, etcétera), los catorce mundos (Bhu, etcétera) con todo el número de seres, multiplicado ochenta y cuatro veces, todo esto aparece como múltiple. Y esas cosas múltiples son impulsadas por el hombre (purusha) como la rueda por el alfarero. Y de la misma manera en que, cuando la bola de hierro no es martilleada, el fuego no es subyugado, tampoco el hombre interior es subyugado, mas el Ser elemental sí lo es, porque se ha unido (con los elementos).

4. Y ha sido dicho en otro lugar: Este cuerpo, producido del matrimonio y dotado de crecimiento en la oscuridad, nació del pasaje urinario, fue construido con huesos, ensuciado con carne, techado con piel, relleno con basura, orina, bilis, lodo, médula, grasa, aceite, y muchas otras impurezas, como un tesoro lleno de tesoros.

5. Y ha sido dicho en otro lugar: el aturdimiento, el miedo, el dolor, el sueño, la pereza, la indolencia, la decadencia, la tristeza, el hambre, la sed, la tacañería, la ira, la infidelidad, la ignorancia, la envidia, la crueldad, la locura, la desvergüenza, la maldad, el orgullo, la volubilidad, estos son los resultados de la cualidad de la oscuridad.

La sed interior, el apego, la pasión, la codicia, la aspereza, el amor, el odio, cl cngaño, la cnvidia, la inquietud, la inconstancia, la inestabilidad, la rivalidad, la avaricia, la protección de amigos, el orgullo familiar, la aversión a los objetos desagradables, la devoción a los objetos agradables, el cuchicheo, la prodigalidad, estos son los resultados de la cualidad de la pasión (ragas).

Él es llenado por estos resultados, y por ellos es subyugado, y, así, este Ser elemental asume múltiples formas, ¡sí, múltiples formas!"

CUARTO PRAPATHAKA

1. Los Valakhilyas, cuyas pasiones estaban subyugadas, se aproximaron a él llenos de sorpresa y le dijeron: "Oh, Santo, nos inclinamos ante ti, instrúyenos, porque

tú eres el camino, y no hay ningún otro para nosotros. ¿Qué proceso existe para el Ser elemental por el cual, después de dejar esta identidad con el cuerpo elemental, logra la unión con el verdadero Ser?" Pragapati Kratu les dijo:

2. "Ha sido dicho en otro lugar: Como las olas en los grandes ríos, eso que ha sido hecho antes no se puede borrar y, como la marea del mar, el acercamiento de la muerte es complicado de contener: Atado por los frutos del bien y del mal, como un lisiado; sin libertad, como un hombre en la prisión; acosado por muchos miedos como un ser que se halla ante Yama (el juez de los muertos); intoxicado por el vino de la ilusión, como un ser intoxicado por el vino; corriendo de un lado para otro, como un ser poseído por un espíritu maligno; mordido por el mundo, como un ser mordido por una gran serpiente; oscurecido por la pasión como la noche; ilusorio como la magia; falso como un sueño; débil como el interior del Kadali; cambiando su vestido en un momento, como un actor; de admirable apariencia, como una pared pintada, así le consideran; y, por tanto, se dice:

El sonido, el tacto y otras cosas son como nada; si el Ser elemental está apegado a ellas, no recordará el Lugar Supremo.

3. Verdaderamente este es el remedio para el Ser elemental: Conseguir el conocimiento del Veda, cumplir con su deber, y, por lo tanto, conformidad por parte de cada hombre con la orden a la que pertenezca. Esta es en realidad la regla para el propio deber, otras acciones son como las ramas de un tallo. Mediante ello un ser llega a la morada Suprema y, de otra manera, se cae hacia el abismo. Así es declarado el propio deber, que puede ser encontrado en los Vedas. Realmente, nadie pertenece a una orden (asrama) si infringe su propia ley. Y si la gente dice que un hombre no pertenece a ninguna de las órdenes, y que él es un ascético, esto es falso, aunque, por otro lado, nadie que no sea un ascético logra la perfección con sus sacrificios ni consigue el Conocimiento del Ser Supremo. Por eso se ha dicho:

Por las penitencias ascéticas se logra la bondad, con la bondad se alcanza la comprensión y por la comprensión se llega al Ser, y aquel que ha obtenido eso, no regresa.

4. 'Brahma es', así dijo alguien que conoció la ciencia de Brahma; 'y esta penitencia es la puerta hacia Brahma', así dijo alguien que, por la penitencia, se deshizo de todos los pecados. 'La sílaba Om es la grandeza manifiesta de Brahma', así dijo alguien que bien cimentado (en Brahma) siempre medita en él. Así pues, por la sabiduría, por la penitencia y por la meditación se obtiene Brahma.

Así se llega más allá de Brahma (Hiranyagarbha) y a una divinidad superior a la de los dioses; más aún, aquel que sabe esto, y adora a Brahma por estos tres medios (por el conocimiento, la penitencia y la meditación), logra la felicidad imperecedera, infinita e inmutable. Entonces, liberado de todas esas cosas (los sentidos del cuerpo, etcétera), por las cuales él estaba lleno y subyugado, no siendo más que un simple cochero, consigue la unión con el Ser."

5. Los Valakhilyas dijeron: "Oh, Santo, tú eres el maestro, tú eres el maestro. Lo que has dicho ha quedado a buen recaudo en nuestra mente. Ahora respóndenos una pregunta más: Agni, Vayu, Aditya, el tiempo (Kala) que es Respiración (prana), la comida (anna), Brahma, Rudra, Vishnú, de todos ellos unos meditan en uno y otros en otro. Dinos cuál de estos es el mejor para nosotros".

Él les respondió:

6. "Estos no son nada más que las principales manifestaciones del Brahma Supremo, inmortal, incorpóreo. Aquel que es devoto de uno de ellos, se regocija aquí en su mundo." Así habló aquel. Realmente, Brahma es todo esto, y un hombre puede meditar, adorar o también rechazar a aquellas que son sus principales manifestaciones. Con estas (deidades) sigue a mundos más y más superiores, y cuando todas las cosas mueren, él se une con el purusha, sí, con el purusha.

QUINTO PRAPATHAKA

1. Lo que sigue es el himno de alabanza a Kutsayana: "Tú eres Brahma, y tú eres Vishnú, tú eres Rudra, tú eres Pragapati, tú eres Agni, Varuna, Vayu, tú eres Indra, tú eres la Luna.

Tú eres Anna (la comida o el que la come), tú eres Yama, tú eres la Tierra, tú eres todo, tú eres el imperecedero. En ti todas las cosas existen de diversas formas, ya sea para sus fines naturales o para sus propios fines (más elevados).

¡Señor del Universo, gloria a ti! Tú eres el Ser de todos, tú eres el hacedor de todos, el que goza en todos los seres; tú eres toda la vida y el señor de todo placer y alegría. Gloria a ti, el tranquilo, el que se oculta en las profundidades, el incomprensible, el inconmensurable, sin principio y sin fin.

2. En el principio solo existía la oscuridad (Tamas). Estaba en lo Supremo y, movida por lo Supremo, se vuelve desigual. Así se convierte en oscuridad (ragas). Entonces esta oscuridad, siendo movida, se vuelve desigual. Así se transforma en bondad (sattva). Entonces esta bondad, siendo movida, hace fluir la esencia. Esto es esa parte (o estado de Ser) que es completamente inteligente, reflejada en el hombre (como el sol está en distintas vasijas de agua) conociendo el cuerpo (kshetragña), confirmado por su imaginación, deseando y creyendo que es Pragapati, llamado Visva. Sus manifestaciones han sido declaradas antes. Ahora bien, esa parte de él que pertenece a la oscuridad, ese, oh, estudiantes, es aquel llamado Rudra. Esa parte de él que pertenece a la oscuridad, ese, oh, estudiantes es aquel llamado Brahma. Esa parte de él que pertenece a la bondad, ese, oh, estudiantes, es aquel llamado Vishnú. Él, siendo uno, se convierte en tres, se convierte en ocho, en once, en doce, se vuelve infinito. Ya que eso llegó a ser, él es el Ser, va de un lado a otro, y habiendo entrado en todos los seres, se ha transformado en el Señor de todos los seres. Él es el Ser dentro y fuera, sí, dentro y fuera."

SEXTO PRAPATHAKA

1. "Aquel (el Ser) sujeta al Ser de dos formas, como el que es Prana (aliento) y como el que es Aditya (el sol). Y es así que hay dos senderos para él, dentro y fuera, y los dos vuelven en un día y una noche. El sol es el Ser exterior, el Ser interior es el Aliento. De ahí que el movimiento del Ser interior es inferido del movimiento del Ser exterior. Por eso se ha dicho:

'Aquel que sabe, y se ha deshecho de todo lo malo, el supervisor de los sentidos, el puro de mente, firmemente arraigado (en el Ser) y mirando fuera (de todos los objetos terrenos) ¡él es el mismo! De igual forma, el movimiento del Ser exterior es inferido del movimiento del Ser interior.' Por eso se ha dicho:

'Aquel que dentro del sol es la persona dorada, que mira sobre esta tierra desde su sitio dorado, él es el mismo que, tras adentrarse en el loto interno del corazón, se come el alimento (percibe objetos sensuales, etcétera). Y el que, habiendo entrado al loto interior del corazón, devora el alimento él mismo e igual, habiendo ido al cielo como el fuego del Sol, llamado tiempo, siendo invisible, devora a todas las criaturas como a su comida'."

"¿Qué es ese loto y de qué está hecho?" (preguntan los Valakhilyas). "Ese loto es el mismo que el éter; los cuatro cuartos y los cuatro puntos intermedios son sus hojas. Estos dos, el Aliento y el Sol, se mueven uno cerca del otro (en el corazón y en el éter). Déjale adorar a estos dos con la sílaba Om, con las palabras Vyahriti y con el himno Savitri.

3. Hay dos formas de Brahma, la material (efecto) y la inmaterial (causa). La material es falsa, la inmaterial es verdadera. La que es verdadera es Brahma, aquella que es Brahma es luz, y esa que es luz es el Sol. Y este Sol se transformó en el Ser de ese Om.

Él se dividió igualmente en tres partes, pues el Om consiste en tres letras, a +u +m. mediante ellas todo esto se contiene en él como el hilo de una tela. Por eso se dice: 'Medita en ese Sol como el Om, únete a tu Ser (el aliento) con él'.

4. Y de ese modo se ha dicho en otro lugar: 'El Udgitha (del Sama-veda) es el Pravana (del Rig-veda), y el Pravana es el Udgitha, y por eso el Sol es Udgitha, y él es Pravana o Om'. Por eso se ha dicho:

'El Udgitha, llamado Pranava, el jefe (en el cumplimiento de los sacrificios), el brillo, el insomne libre de la vejez y de la muerte, de tres pies, consiste en tres letras (a +U +m), y, así pues, es conocido como de cinco partes (cinco pranas) situado en la caverna.' Y también se ha dicho:

'El Brahma de tres pies tiene su raíz hacia arriba; las ramas son el éter, el viento, el fuego, el agua, la tierra, etcétera. Este Asvattha de nombre el mundo, es Brahma, su luz es la que llamamos el Sol, y también es la luz de esa sílaba Om Entonces, que él siempre adore eso (el aliento y el sol, como manifestaciones de Brahma) con la sílaba Om.'

Él es quien nos ilumina. Por eso se ha dicho: 'Esta únicamente es la sílaba pura, esta solamente es la sílaba Suprema; aquel que conoce esa sílaba logra todo cuanto desea'.

5. Y se ha dicho en otro lugar: 'Este Om es su cuerpo dotado de sonido (Pranadityatman). Este es su cuerpo dotado de género, masculino, femenino, neutro. Este es su cuerpo dotado de luz, Agni, Vayu, Aditya. Este es su cuerpo dotado del Señor, Brahma, Rudra, Vishnú. Este es su cuerpo dotado de boca, Harhapatya, Dakshinagni, Ahavaniya. Este es su cuerpo dotado de conocimiento, Rik, Yagus, Saman-vedas. Este es su cuerpo dotado de mundo, Bhub, Bhuvah, Svar. Este es su cuerpo dotado de tiempo, Pasado, Presente, Futuro.

Este es su cuerpo dotado de calor, Aliento, Fuego, Sol. Este es su cuerpo dotado de crecimiento, Comida, Agua, Luna. Este es su cuerpo dotado de pensamiento, intelecto, mente, personalidad. Este es su cuerpo dotado de aliento, Prana, Apana, Vyana. Por tanto, por la sílaba

antes mencionada, Om, todos estos cuerpos aquí enu-
merados son alabados e identificados (con el Pranadityatman)'. Por eso se ha dicho: 'Oh, Satyakama, la sílaba
Om es el Brahma superior e inferior'.

6. Este (mundo) fue inexpresado. Entonces, Pragapati,
tras meditar, lo expresó en las palabras Bhuh, Bhuvah,
Svar. Este es el cuerpo más grosero de ese Pragapati,
consistente en los tres mundos. De ese cuerpo, Svar es
la cabeza, Bhuvah el ombligo, Bhuh los pies, el sol el ojo.
Certeramente, en el ojo está fijada la gran medida del
hombre, porque con el ojo él forma todas las medidas.
El ojo es la verdad (Satyam), pues la persona (purusha)
que habita en el ojo es anterior a todas las cosas (conoce
todos los objetos con certeza). Así pues, que el hombre
adore con los Vyahritis, Bhuh, Bhuvah, Svar, y, por eso,
Pragapati, el Ser de Todo, es adorado como (Sol, el) Ojo
de Todo. Y así se ha dicho:

'Este (el Sol) es el cuerpo que mantiene a Pragapati,
pues en él todo está oculto (por la luz del sol); y en este
todo (la luz) está oculta. Y es por eso que este es adorado.'

7. (El Savitri empieza): Tat savitur vasenyam, es decir: 'Este de Savitri, para ser escogido. Aquí el Aditya
(el Sol) es Savitri, y lo mismo es para ser elegido por el
amor (amante) del Ser, así dicen los maestros de Brahma
(después continúa el siguiente pie en el Savitri): Bhargo
devasya dhimani, 'el esplendor del dios en el que meditamos'. Agni, el dios, es Savitri, y, por lo tanto, el que es
llamado esplendor, en él yo medito así' dicen los maestros de Brahma.

(Luego sigue el último pie): 'Dhiyo yo nah prakodayat',
que debería extraer nuestros pensamientos. Aquí el dhi-
yah son pensamientos, y él extraería estos para nosotros,
así dicen los maestros de Brahma.

(Él explica ahora la palabra bhargas). Ahora él, que es
llamado bahrgas, es quien se pone a lo lejos de Aditya
(sol), o él, que es la pupila en el ojo. Y él es llamado así
porque su fluir (gati) es mediante rayos (bhabhih); o porque él seca (bhargayati) y hace al mundo marchitarse.
Rudra es llamado Bhargas, así lo dicen los maestros de

Brahma. Bha significa que él enciende estos mundos; ra, que él deleita a estos seres, ga, que estas criaturas van a él y vienen de él; así, un Bha-ra-ga, es llamado Bhargas.

Surya (sol) es llamado así porque Soma está continuamente exprimido (Su). Savitri (sol) es llamado así porque él trae la fuerza (Su). Aditya (sol) se llama así porque levanta (ada, vapor o la vida del hombre). Pavana es llamado así porque purifica (pu). Apas, agna, así llamada porque nutre (pya).

Y es dicho:

'Con seguridad el Ser (absorto en Prana, aliento), que se llama inmortal, es el pensador, el perceptor, el que se mueve, el que evacúa, el que se deleita, el hacedor, el hablador, el que gusta, el que huele, el que ve, el que oye y toca. Él es Vibhu (el impregnador), que ha entrado en el cuerpo.' Y se ha dicho:

'Cuando el Conocimiento es de dos partes (subjetivo y objetivo), entonces él oye, ve, huele, gusta y toca, pues es el Ser que sabe todo.'

Pero cuando el conocimiento no es de dos partes (tan solo subjetivo), sin efecto, causa y acción, sin nombre, sin comparación, sin predicado, ¿qué es eso? No se puede decir.

8. Y el mismo Ser es también llamado Isana (Señor), Sambhu, Bhava Rudra (tamasa); Pragapati (Señor de las criaturas), Visvasrig (creador de todo), Hiranyagarbha, Satyam (verdad), Prana (aliento), Hamsa (ragasa); Sastri (gobernador), Vishnú Narayana (Sattvika); Arka, Savitri Dhatri (mantenedor), Vidhatri (creador), Samrag (rey), Indra, Indu (luna). Él es también quien calienta, el sol, escondido por el huevo dorado de los Mil ojos, como un fuego por el otro. Él es para ser pensado, él es para ser buscado. Tras haberse despedido de todos los seres vivos, habiéndose ido al bosque y habiendo renunciado a todos los objetos sensoriales, que el hombre sienta el Ser desde su propio cuerpo.

(Obsérvale) a quien asume todas las formas, el dorado, que sabe todas las cosas, que se alza a lo más alto, solo en su esplendor y nos calienta; el de los mil rayos, que vive en mil lugares, el espíritu de todas las criaturas, el Sol, sale.

9. Así pues, el que sabiendo esto se ha transformado en el Ser de ambos, Aliento y Sol, medita en su Ser y logra la paz mental. Este es el estado perfecto —cuando la mente se halla completamente absorta por el Santo Aliento— ensalzado por los sabios.

Entonces se cumplen los versos Ukkhishtopahatam, que dicen: 'Sea alimento impuro o alimento donado por un pecador, sea alimento de una persona fallecida o de alguien impuro de nacimiento, por el poder purificador de Vasu, Agni y los rayos de Savitri lavarán todos mis pecados.

Primero (antes de comer) aquel rodea (el alimento de la ofrenda) con agua (enjuagándose la boca). Luego diciendo: 'Svaha' al aliento Prana, 'Svaha' al aliento Apana, 'Svaha' al aliento Vyana, 'Svaha' a Samana, 'Svaha' al aliento Udana, ofrece el alimento con cinco invocaciones (en el fuego de la boca). Lo que queda lo come en silencio y después rodea (el alimento) una vez más con agua (enjuagándose la boca tras la comida). Una vez lavado, debe, después de entregarse a sí mismo, meditar en su Ser con estos dos versos, 'Prano Agnih' y 'Visvo así, diciendo: 'Que el Ser Supremo como aliento, como fuego (calor digestivo), como los cinco aires vitales, habiendo penetrado en el cuerpo, hablando su propia satisfacción, satisfaga a todos'.

Tú eres Visva (todo), tú eres Vaisvanara (fuego), todo lo nacido es sujetado por ti; que todas las ofrendas se adentren en ti; las criaturas viven, pues tú diste la inmortalidad para todos.' Aquel que come de acuerdo a esta regla, no se convierte, a su vez, alimento de otros.

10. Hay algo más por conocer. Existe una modificación posterior de esta entrega del Ser (la comida), a saber, el alimento y el comensal de él. Esta es la explicación. La persona pensante (Purusha), mientras vive dentro de la naturaleza es el que nutre al alimento provisto por la naturaleza (Prakriti).El Ser elemental es en realidad su alimento, siendo su hacedor Pradhana (la naturaleza). Por

tanto, lo que está compuesto de las tres cualidades (gunas) es el alimento, pero es la esencia que está en dentro del alimento lo que tiene el poder de nutrir. Nuestros sentidos evidencian esto último. Pues los animales nacen de la semilla, y puesto que la semilla es el alimento, está claro que la esencia del alimento es Pradhana (la semilla o causa de todo). Por esto, como ya se ha dicho, la Purusha (persona) es el comensal y Pralkriti, la comida; el cual viviendo en el interior de los alimentos, les transmite su esencia. Todo lo que inicia con el Mahat (poder del intelecto) y acaba con los Viseshas (elementos), que han nacido de la distinción de la naturaleza en sus tres cualidades, es la señal (de que debe hacer una Purusha, un sujeto inteligente). Y, de esta forma, el camino con sus catorce pasos ha sido explicado (esto está explicado en el verso siguiente):[71] 'Este mundo es en verdad el alimento, llamado placer, dolor y error (el resultado de las tres cualidades); y en los tres estados existe también el carácter del alimento, como infancia, juventud y vejez; pues, al ser estos desarrollados, hay por tanto en ellas el carácter del alimento'.

Y del siguiente modo, tiene lugar la percepción de Pradhama (naturaleza), después de haberse puesto de manifiesto: El intelecto y el resto, es decir, la determinación, la conciencia y la concepción están para gustar los efectos del Pradhana. Después están los cinco órganos perceptivos hechos para gustar los cinco órganos de los sentidos. Y así son todos los actos de los cinco órganos activos y los actos de los cinco Pranas o aires vitales (para gustar sus correspondientes objetos). Así, lo que es manifiesto de la naturaleza es el alimento, y lo que no es manifiesto es el alimento. El que lo goza carece de cualidades, pero porque tiene la cualidad de ser el disfrutador, se deduce que tiene inteligencia.

Como Agni (el fuego) es el que come el alimento entre los dioses, y Soma es el alimento, así el que conoce esto come el alimento de Agni. Este Ser elemental llamado

---

71 Cinco receptivos, cinco órganos activos y cuatro clases de conciencia.

Soma (alimento) también es denominado Agni, porque es dicho: 'La Purusha (persona) goza de la naturaleza con sus tres cualidades, por la boca de la naturaleza no desarrollada. El que sabe esto es un asceta, un yogui, un practicante de la entrega del Ser. Y el que no toca los objetos de los sentidos cuando se introducen en él, igual que nadie tocaría a mujeres que se encuentran en una casa abandonada, es un yogui, un practicante de la entrega del Ser.

11. Esta es la forma más alta del Ser, el alimento, pues Prana (este cuerpo) subsiste por él. Si no come, no puede percibir, oír, tocar, ver, oler, gustar, y pierde los cinco aires vitales. Pues así ha sido dicho: 'Si come, al estar en posesión de los cinco aires vitales, puede percibir, oír, tocar, hablar, gustar, oler y ver'.

Y así ha sido dicho:

'Del alimento surgen todas las criaturas que habitan en la tierra; luego viven gracias a él, y al final, cuando mueren, vuelven a él.'

12. Y así fue dicho en otra ocasión: 'Verdaderamente, todas esas criaturas corren día y noche anhelando encontrar alimento. El Sol toma alimento con sus rayos y gracias a él da calor. Esos aires vitales digieren, cuando son rociados de alimento. El fuego prende por alimento, y todo fue creado por estar Brahma (Pragapati) deseoso de alimento.' Así pues, el hombre debe adorar al alimento como a su Ser. Pues ha sido dicho: 'Del alimento surgen todas las criaturas y mediante él crecen'.

13. Y así fue dicho en otra ocasión: 'Este alimento es el cuerpo del bendito Vishnú, llamado Visvabhrit (mantenedor). El aliento es la esencia del alimento. Aquel que esto conoce posee el alimento, el aliento, el conocimiento y la dicha.'

14. Y así ha sido dicho en otro lugar: 'El alimento es la causa de todo, es digno de ser adorado, es el más antiguo, y el único médico'. También fue dicho: 'El tiempo es la causa del alimento y el sol la causa del tiempo'. La forma visible del tiempo es el año, que consiste en doce meses, hecho de Nimeshas (centelleos de luz) y de otras

medidas. Una mitad del año (cuando el sol se mueve en dirección Norte) pertenece a Agni, la otra a Varuna (cuando es dirección Sur). La parte que pertenece a Agni inicia con el asterismo de Magha y finaliza con la mitad del asterismo de Sravishtha, avanzando el sol hacia el Norte. La que pertenece a Varuna comienza con el asterismo de Aslesha sagrado para las Serpientes y termina con la mitad, el asterismo de Sravishtha, avanzando el sol hacia el Sur. Y, después, están los meses, uno por uno, de que consta cada año, cada uno consistiendo en nueve cuartos de asterismos, determinado cada uno de ellos por el sol moviéndose a su mismo ritmo. Al ser el tiempo imperceptible a los sentidos, todo esto (el progreso del sol, etcétera) es su evidencia y la única prueba de que existe. Sin prueba no hay sabiduría de lo que ha de ser probado; e incluso lo que tiene que ser probado puede volverse la prueba, para de esta forma darse a conocer. Y así ha sido dicho:

'Del tiempo todos los seres salen, del tiempo crecen y en el tiempo logran su descanso; el tiempo es visible (sol) e invisible (momentos).'

15. Existen dos formas de Brahma, el tiempo el no-tiempo. Lo que estaba antes de la existencia del sol es el no-tiempo y no tiene partes. Aquello que se originó en el sol es el tiempo y tiene partes. De aquello que tiene partes el año es la forma, y del año nacen todas las criaturas; cuando son producidas por él crecen y de nuevo van a descansar en el año. En consecuencia, el año es Pragapati, es tiempo, es alimento, es el nido de Brahma y el Ser. Así ha sido dicho:

" 'El tiempo cosecha y disuelve todos los seres en el gran Ser, pero aquel que sabe aquello en lo cual el tiempo se disuelve, es el conocedor del Veda.'

16. Este tiempo manifiesto es el gran océano de las criaturas. Aquel que es denominado Savitri' (el sol como engendrador) vive en él; de él son engendrados la luna, las estrellas, los planetas, el año y todo lo demás. De él nace nuevamente todo, y, así, todo cuanto en el mundo existe de bueno o malo en él tiene su origen. Por esto

Brahma es el Ser del sol, y el hombre debe adorar al sol bajo el nombre del tiempo. Algunos dicen que el sol es Brahma, y así se ha dicho:

'El sacrificante, la deidad que disfruta del sacrificio, la oblación, el himno, el sacrificio, Vishnú, Pragapati, todo esto es el Señor, el testigo, que brilla en una esfera del más allá.'

17. En el principio Brahma era todo esto. Él era uno e infinito, infinito en el Este, infinito en el Sur, infinito en el Oeste e infinito en el Norte, arriba y abajo y en todas partes infinito. El este y las otras regiones no existen para él, ni tampoco arriba ni abajo ni a través. El Ser Supremo no puede fijarse. Es ilimitado, innato, inconcebible e imposible de ser razonado. Él está como el éter, en todas partes, y, frente la destrucción del universo, solo él permanece despierto. Así, de ese éter él despierta todo este mundo, que consiste en pensamiento; todo esto es meditado solo por él y en él todo se disuelve. Él es esa forma luminosa que brilla en el sol, y las luces diversas en el fuego sin humo, y el calor que en el estómago digiere el alimento. Así ha sido dicho:

'Aquel que está en el fuego, en el corazón y en el sol es uno e idéntico.'

El que esto conoce se transforma en uno con el Uno.

18. Esta es la regla para lograrlo (la concentración de la mente en el objeto de la meditación): control del aliento, control de los sentidos, meditación, atención fija, investigación y absorción. Esto es llamado el séxtuple Yoga. Cuando aquel contempla a través de este Yoga, contempla al Hacedor de dorado resplandor, al Señor, Brahma, la causa; entonces el sabio, dejando atrás el bien y el mal, hace que todo (el aliento, los órganos de los sentidos, el cuerpo, etcétera) se vuelva uno en el Supremo Indestructible (Brahma). Y así ha sido dicho:

'Al igual que los pájaros o el ciervo no se acercan a una montaña en llamas, así los pecados nunca se aproximan a aquellos que conocen a Brahma.'

19. Y así ha sido dicho en otro lugar: 'Aquel que ha logrado controlar su mente y colocado los objetos en los

sentidos lejos de sí debe permanecer sin ningún concepto'. Y puesto que la persona viviente llamada Prana (aliento) ha sido producida aquí, en la tierra de aquello que no es Prana (el Ser pensante), así debe este Prana hundirse en el Prana mismo. Y así ha sido dicho:

'Lo que está libre de pensamiento, aun estando situado en el centro del pensamiento, lo que no puede ser pensado, el escondido, el supremo: en él debe el hombre fundir su pensamiento; entonces este sirviente quedará libre de apegos.'

20. Y así se ha dicho en otro lugar: 'Existe una concentración suprema (dharaná); si el meditador presiona la punta de la lengua hacia abajo del paladar y controla la voz, la mente y el aliento, ve a Brahma.

Y tras este vacío mental ve a su propio Ser más pequeño que lo más minúsculo y tan deslumbrante como el Ser Supremo; entonces habiendo visto su Ser como el Ser, se vuelve sin Ser y, al carecer de Ser, no tiene, asimismo, límites y causas'. Este es el misterio supremo, la liberación final y así ha sido dicho:

'Con la serenidad del pensamiento mata todas las acciones, buenas o malas; su Ser sereno, habitado en el Ser, consigue la dicha imperecedera.'

21. Y también ha sido dicho en algún lugar: 'La arteria, llamada Sushumna, en dirección ascendente (desde el corazón al Brahmarandhra) sirve de pasaje o canal al Prana y está dividida dentro del paladar. Mediante ella, cuando ha sido unida por el aliento, por la sagrada sílaba Om y por la mente (absorta en la contemplación de Brahma) debe el meditador dirigir su concentración hacia arriba y después de girar la punta de la lengua hacia el paladar, sin haber usado ninguno de los órganos de los sentidos, debe dejar que la grandeza sienta la grandeza. De allí, aquel va a la carencia del ser; y al carecer de ser deja de disfrutar del dolor y el placer y logra la unidad, la entrega final'.

Y así ha sido dicho:

'Habiendo fijado con éxito el aliento, después de haber sido refrenado en el paladar, y tras haber cruzado el límite, únase al ilimitado (Brahma) en la corona de la cabeza.'

22. Dos objetos de meditación deben alcanzarse, la palabra y la no-palabra. A través de la palabra la no-palabra es revelada. Ahora bien, existe la palabra Om. Yendo con ella hacia arriba, hacia donde toda palabra y todo su significado para, el meditador llega a la absorción en la no-palabra (Brahma). Este es el sendero inmortal, esta es la unión y esta es la dicha. Y al igual que la araña, también aquel que medita moviéndose hacia arriba por la sílaba Om, llega a la independencia.

Otros maestros de la palabra (en tanto que Brahma) piensan de forma distinta. Ellos escuchan el sonido del éter dentro de su corazón mientras tapan sus oídos con los pulgares. Lo comparan a los siete ruidos: como ríos, como una campana, como una vasija de bronce, como las ruedas de un carruaje, como el croar de las ranas, como la lluvia como si un hombre hablara en una caverna. Habiendo pasado más allá de este variado sonido, y habiéndose asentado en la suprema e insonora no-palabra, el Brahma inmanifiesto, se vuelven indistinguibles, igual que los diferentes sabores de las flores se pierden, al gustar la miel, y así ha sido dicho:

'Dos objetos de meditación deben conocerse, la palabra Brahma y el Brahma supremo; aquel que es perfecto en la palabra Brahma llega al Brahma supremo.'

23. Y así ha sido dicho en otro lugar: 'La sílaba Om es lo que se llama la palabra'. Y su final es el silencioso, el insonoro, el que no tiene miedo y sufrimiento, el dichoso, el satisfecho, el firme, el inmortal y el inamovible, que alguien denomina Vishnú. Y así ha sido dicho:

Aquel que es el más alto y el dios supremo cuyo nombre es Omkara, se encuentra más allá de toda distinción: así pues, debe el hombre meditar en él en la corona de su cabeza.'

24. Y así ha sido dicho en otro lugar: 'El cuerpo es el arco, la sílaba Om la flecha, y su diana la mente'. Habiendo atravesado la oscuridad, que consiste en ignorancia, se aproxima a lo que no está cubierto por ella. Así,

atravesando el alma personal, vio a Brahma brillando como una rueda de fuego, y resplandeciente como el Sol. Y habiéndole visto, logra la inmortalidad. De esta manera, las obras de la mente son disueltas; entonces, se alcanza esa felicidad que no requiere testigo alguno, que es Brahma (Âtman), el inmortal, resplandeciente: ese es el camino, el verdadero mundo.'

25. Y así ha sido dicho en otro lugar: 'Aquel que tiene sus sentidos escondidos como en el sueño, y quien en la caverna de sus sentidos (es decir su cuerpo), los ve con su intelecto más puro como en un sueño, a él se le llama Pranava, el guía, el brillante, el despierto, libre de la vejez, de la muerte y del sufrimiento'. Y así ha sido dicho:

'Porque, así, él se une al Prana (aliento), al Om, y a este Universo en sus múltiples formas, o porque ellos se unen con él, por eso, este proceso de meditación es llamado Yoga (unión).

La unidad del aliento, mente y sentidos y después la entrega de todos los conceptos es llamado Yoga.'

26. Y así ha sido dicho en otro lugar: 'Igual que el pescador que, quitando la red que ha echado en el agua, ofrece los peces que ha atrapado (en sacrificio) en el fuego de su estómago, así son estos pranas (aires vitales), después de haber sido retirados con la sílaba Om y ofrecidos en el fuego inmaculado (Brahma).

Y al igual que el fuego que existe invisible en un recipiente caliente se torna visible cuando el recipiente es tocado con un palo impregnado de mantequilla, así el Âtman en el cuerpo del meditador e hace presentes tan solo cuando los Pranas (los alientos vitales) son infundidos en él. Y eso que nace es la forma manifestada de Brahma, ese es el lugar más alto de Vishnú, la esencia de Rudra. Y este, dividiendo su Ser en caminos sin fin, llena todos los mundos.'

27. Y así ha sido dicho en otro lugar: 'Este es el calor del supremo, el inmortal, el incorpóreo Brahma, el calor del cuerpo'. Y este cuerpo es la mantequilla purificada vertida en él, por la que el calor de Brahma, que de otro modo sería invisible, se enciende. Entonces, ya mani-

fiesto, es colocado en el éter del corazón. Así pues, el meditador se identifica con esa luz rápidamente al igual que una bola de hierro que, puesta sobre la tierra, pronto se vuelve tierra, y cuando ya se ha convertido en un pedazo de tierra, el fuego y los herreros no tienen nada que ver ya con la antigua bola de hierro. Y así ha sido dicho:

'El templo etéreo del corazón, el refugio glorioso y supremo, esa es nuestro fin.'

28. Y así ha sido dicho en otro lugar: 'Dejando el cuerpo, los órganos de los sentidos y sus objetos (como algo que ya no nos pertenece), y sujetando el arco cuyo palo es la fortaleza y cuya cuerda es el ascetismo, derribando con su flecha, que consiste en la liberación del egoísmo, al primer guardián de la puerta de Brahma, cruza por medio del bote de Om al otro lado del éter dentro del corazón, y cuando el éter se revela como Brahma, él entra lentamente, como un minero buscando minerales en una mina, en el palacio de Brahma. Tras esto debe el meditador, por medio de las enseñanzas de su maestro, cruzar a través del santuario de Brahma, que consiste en cuatro velos (alimento, aliento, mente y conocimiento) hasta que llegue al último santuario, el de la dicha y la identificación con Brahma'. De ahí en adelante, puro, tranquilo, infinito, eterno e independiente, se establece en su propia, grandeza, y así ha sido dicho:

'Si un hombre practica el Yoga durante seis meses y está profundamente liberado del mundo externo, logra entonces el Yoga (unión), el cual es infinito y oculto.

Pero si un hombre, aun estando en el estado de iluminación, se halla todavía atravesado por las aguas de la pasión y la oscuridad y apegado a sus hijos, esposa, o casa, nunca alcanzará la unión perfecta.'"

29. Después de que hubo hablado así (a Brihadratha), Sakayanya absorto en meditación, se inclinó ante él, y dijo: "Oh, rey, por medio de la sabiduría de Brahma, los hijos de Pragapati (los Valakhilyas) fueron a la senda de Brahma. Mediante la práctica del Yoga el hombre logra el contento y el poder de soportar el bien y el mal con tranquilidad. Que ningún hombre predique esta sagrada

doctrina a nadie que no sea su hijo o alumno y que no tenga una mente serena. Solo será dictada a aquel que sea devoto de su maestro y tenga todas las cualidades necesarias.

30. ¡Om! Sentándose en un lugar puro y manteniendo su ser en estado de pureza, debe el meditador afirmarse en la bondad y estudiar, hablar y entregarse a la verdad. Actuando así se convierte en otro hombre; consiguiendo la recompensa de Brahma sus cadenas son cortadas; él no conoce la esperanza ni el miedo de los demás, y está libre de deseos; alcanzando la infinita e imperecedera dicha, se alza bendito en el verdadero Brahma quien anhela alcanzar hombre verdadero. La libertad de los deseos es el mejor regalo del mejor tesoro (Brahma),pues un hombre lleno de deseos, poseído de voluntad, imaginación y creencias, es un esclavo. Algunos dicen que esto último es debido a la acción de las Gunas, que mediante las diferencias de la naturaleza conseguidas en estados previos de existencia se aten a la voluntad y así el hombre ve y oye a través de la mente, y todo lo que llamamos deseo, imaginación, duda, creencia, descreencia, certeza, incertidumbre, lástima, pensamiento y miedo no son más que manifestaciones de la mente (manas). Llevado y arrastrado por las olas de las cualidades, oscuro en sus imaginaciones, inestable, lleno de deseos, vacilante, y creyendo: 'yo soy él, esto es mío', ata su Ser a su Ser, como un pájaro a una red. Así pues, un hombre, poseído de voluntad, imaginación y creencia es un esclavo, pero aquel que es lo opuesto es libre. Por esta razón debe el hombre permanecer libre de estas tres cualidades, deseo, imaginación y creencia: este es el signo de la libertad, este es el sendero que lleva a Brahma; así se abre la puerta y por ella irá a la otra orilla de la oscuridad. Todos los deseos están allá saciados. Y acerca de esto se cita este verso:

'Cuando los cinco instrumentos de conocimiento se hallan silenciados al unísono con la mente, y cuando el intelecto no se mueve, es lo que se llama el estado supremo.'"

Diciendo esto Sakayanya se quedó absorto en meditación. Entonces Marut (el rey Brihadratha), inclinándose ante él marchó pleno de contento hacia el Sendero del Norte. Este es el camino hacia Brahma. Abriéndose de par en par la puerta solar, se elevó y desapareció, y sobre esto hay esta cita:

Existen rayos (arterias) sin fin para el Ser, quien, como una lámpara, vive en el corazón: blancas y negras, marrones y azules, y rojizas.

Una de ellas (el Sushumna) va hacia arriba atravesando la órbita solar: por ella, llegando más allá del mundo de Brahma, se llega al sendero supremo.

Los otros cien rayos se alzan también hacia lo alto, y mediante ellos el meditador alcanza las mansiones pertenecientes a los diferentes cuerpos de los dioses.

Pero a través de los rayos manifiestos de apagado color que van hacia abajo, el hombre viaja sin esperanza a gozar de los frutos de sus acciones en esta tierra."

Por esto se dice que el santo Aditya (sol) es la causa de los nuevos nacimientos, del cielo y de la libertad.

31. Alguien preguntó: "¿De qué naturaleza son los órganos de los sentidos que viajan hacia los objetos? ¿Quién los envía aquí y quién los hace regresar?"

Otro le contestó: "Su naturalcza es el Ser; el Ser los envía y los lleva de vuelta; también los Apsaras (los objetos seductores de los sentidos) y los rayos solares y otras deidades que reinan los sentidos".

Ahora bien, el Ser devora los objetos a través de los cinco rayos (los órganos de los sentidos); entonces ¿quién es el Ser?

El que ha sido definido por los términos puro, limpio, tranquilo, etcétera, y que debe ser percibido independientemente por sus propios signos peculiares. El signo del que carece de ellos es como el calor del fuego o como el gusto puro del agua; así dicen algunos. Es el habla, la visión, la mente y el aliento, dicen otros. Y otros añaden: Es el intelecto, la retención, la memoria y el conocimiento. Todos estos son signos del Ser en el mismo sentido en el que aquí en la tierra los brotes son el símbolo de la semilla, o el humo, las chispas y la luz símbolos del fuego.

32. De este mismo Ser, salieron todos los Pranas, todos los mundos, todos los Vedas, todos los dioses y todos los seres; su Upanishad (revelación) es que él es "el verdadero de los verdaderos". Y como cuando se enciende una madera verde se alzan nubes de humo (aun perteneciendo al mismo fuego), así, de ese gran Ser ha sido respirado todo cuanto se halla contenido en el Rig-veda, el Yagur-veda, el Sama-veda, los Atharvangirasas, el Itihasa (historias legendarias), los Puranas (relatos de la creación), el Vidya (doctrinas ceremoniales), los Upanishads, los Slokas (versos intercalados en los Upanishads, etcétera), los Sutras (tratados sobre la teología hindú), los Anuvyakhyanas (notas explicativas) y los Vyakhyanas (elucidaciones): todos ellos son suyos.

33. Este fuego (el fuego Garhapatya) con cinco estrellas, es el año. Sus cinco ladrillos son: la primavera, el verano, la estación de las lluvias, el otoño y el invierno.

Prana es también este fuego, y sus ladrillos son los cinco alientos vitales, Prana, Vyana, Apana, Samana y Udana.

Indra es también el fuego y sus ladrillos son los Rik, los Yagush, los Saman, los Atharvangirasas, los Itihasa y los Puranas.

34. Así fue dicho una vez:

1. Al igual que el fuego sin combustible se aquieta en su lugar, así los pensamientos, al parar toda actividad, se asientan en su lugar.

2. Los pensamientos despuntan incluso en una mente que ama la verdad y que ha ido a reposar en sí misma, cuando es engañada por los objetos de los sentidos, lo cual son malos frutos conseguidos por algún nacimiento previo.

3. Pues solo los pensamientos causan el ciclo del renacer; el hombre debe luchar para purificar sus pensamientos. Lo que el hombre piensa, eso es: este es el secreto milenario.

4. A través de la serenidad de sus pensamientos un hombre anula todas sus acciones, bien sean malas o buenas. Viviendo dentro de su Ser con el pensamiento sereno se logra la felicidad imperecedera.

5. Si los pensamientos de un hombre estuviesen fijos en Brahma como lo están en las cosas de este mundo, ¿quién no estaría entonces libre de atadura?

6. La mente, dicen, es de dos clases, pura o impura; impura por el contacto con la lujuria, pura cuando está libre de ella.

7. Cuando un hombre, habiendo liberado su mente de la distracción y la vacilación, se vuelve como si estuviera libre de su mente, consigue lo que se llama el estado supremo.

8. La mente debe ser contenida en el corazón hasta que llegue a su fin; esto es la sabiduría, esto es la libertad: el resto son extensiones de las ataduras (que nos atan a la vida).

9. La felicidad de una mente que, a través de la profunda meditación ha sido lavada y limpia de toda impureza y ha entrado dentro del Ser, no puede describirse con palabras; solo puede ser sentida por el poder interno.

10. El agua en el agua, el fuego en el fuego, el éter en el éter, nadie los puede diferenciar; de igual modo un hombre que ha conquistado su mente de forma que no puede distinguirse con el Ser, logra la liberación.

11. Solo la mente es la causa de la atadura y la libertad del hombre; si aquella se apega al mundo el hombre se esclaviza; mas si se libera de él, este consigue la libertad."

35. Y así fue dicho en otro lugar:

La boca del verdadero está cubierta con un párpado dorado; ¡ábrelo! ¡oh, Pushan! (sol) para que podamos ir hacia el verdadero que está en todo.

Aquel que es la persona en el sol, ese soy yo. Y lo que es indicado por el ser verdadero es la esencia del sol, aquello que brilla, personal y que no tiene sexo; una porción tan solo de la luz que existe en el éter, la cual existe, como existió en la mitad del sol, del ojo y del fuego: esto es Brahma, eso es inmortal, este es el esplendor supremo.

Una porción solo de la luz que está en el éter, son los dos rayos que se alzan de la mitad del sol. Eso es el ser verdadero. Eso son los Yagus, eso es el calor, el fuego (Agni) y el viento (Vayu). Eso es el aliento, el agua y la luna, y eso es lo resplandeciente, lo inmortal y el lugar de Brahma; eso es el océano de luz. En ese océano los meditadores se deshacen como la sal, y eso es la unidad con Brahma, pues todos los deseos son saciados. Y aquí se cita:

'Al igual que una lámpara movida por una brisa suave, aquel que habita con los dioses otorga la luz. Aquel que sabe esto conoce la diferencia entre el alto y el más alto Brahma; logrando la unidad, se identifica con él.'

Aquellos que se alzan en número sin fin, como gotas del mar, como relámpagos de luz de las nubes en el cielo supremo, aquellos, entrando en la luz de la gloria (Brahma) se vuelven como las numerosas crestas de las llamas de una hoguera.

Y así el glorificado Brahma, el gran Dios, ha entrado en todos los mundos. ¡Om! ¡Adoración a Brahma! ¡Adoración!"

Séptimo Prapathaka

1. Agni, los Gayatra (métrica), los Trivrit (himnos), los Rathantara (canciones), la primavera, el aliento ascendente (prana), los Nakshatras (estrellas), las deidades (Vasus): todos ellos despuntan en el Este, todos dan calor y agua, ensalzan al sol y regresan nuevamente a él.

Él (el sol) es inconcebible, sin forma, profundo, sin tacha, sólida, sin límites, sin cualidades, puro y disfrutando del fuego de las tres cualidades, temible, sin causa, maestro de magos, omnisciente, poderoso, inconmensurable, sin principio ni fin, dichoso, sabio, indescriptible, creador de todas las cosas, el ser de todas las cosas y el que goza de todas ellas, el rey de todo y el centro del centro de todo cuanto existe.

2. Indra, Trishtubh (métrica), los Pañkadasa (himnos), los Brihat (canciones), el verano, el aliento (Vyana), el Soma, los Rudras: todos salen en el Sur; todos ellos dan calor, lluvia y le ensalzan a él (el sol). Él no tiene signos ni formas; su poder es infinito, es el creador, el hacedor de la luz.

3. Los Maruts, los Gagati (métrica), los Saptadasa (himnos), los Vairupa (canciones), la estación de las lluvias, el aliento descendente (apana), Sukra y los Adityas salen en el Oeste; todos ellos se ensalzan y dan calor y lluvia, regresando de nueva cuenta a él. Es el tranquilo, sin sonido, sin miedo, sin sufrimiento, dichoso, satisfecho, firme, inamovible, inmortal, eterno, verdadero, la morada suprema, portador del nombre de Vishnú.

4. Los Visve Devas, los Anushtubh (métrica), los Ekavimsa (Himnos), los Vairaga (canciones), el otoño, el aliento acompasado (samana), Varuna, los Sadhyas surgen del Norte; todos ellos le ensalzan y dan calor y lluvia, volviendo de nuevo a él. El (el sol) es puro, purificador, sin egoísmo, sin aliento y sin fin.

5. Mitra-Varunan, los Panki (métrica), las canciones, los Trinavatrayastrimsa (himnos), los Sakvara-raivata (canciones), las estaciones del rocío y de la nieve, el aliento hacia el exterior (udana), los Angiras y la Luna salen de lo alto; todos ellos le ensalzan y dan calor y lluvia y de nuevo acuden a él, quien es llamado el Pranava (Om), el guía, que consiste en luz, sin sueño ni vejez, sin muerte ni sufrimiento.

6. Sani (Saturno), Rahu y Ketu, las serpientes, los Rakshas (demonios), los Yakashas, los hombres, los pájaros, los sarabhas, los elefantes, etcétera, salen de lo bajo; todos ellos le ensalzan, le dan su calor y vierten su lluvia y de nuevo van a él, el sabio, el que mantiene las cosas en el lugar adecuado, el centro de todo, el imperecedero, el paciente.

7. Y él es realmente el Ser, más pequeño que lo más pequeño, dentro del corazón, iluminado como el fuego, dotado de todas las formas. De él es todo este alimento, en él todas las criaturas son tejidas. Ese Ser es libre de

pecado, libre de vejez, de muerte, de hambre y de sed, no imagina nada más que lo que debe imaginar, no desea nada más que lo que debe desear. Él es el señor supremo, el maestro supremo de todas las criaturas y el guardián de todos ellos. Él es el Señor, Sambhu, Bhava, Rudra, Pragapati, el creador de todo, Hiranyagarbha, el verdadero, el Sentó, el cisne, el gobernante, el eterno, Vishnú, Narayana. Y aquel que vive en el fuego, en el corazón y en el sol es él mismo.

A ti que eres todo esto, dotado de todas las formas, asentado en el verdadero éter, sea dada toda adoración.

8. A continuación, oh, Rey, vienen los impedimentos en el camino de la sabiduría. Este es en verdad el origen de la red del desconcierto, el que aquel que es merecedor del cielo viva con los que no lo merecen. Y así es. Aunque se les ha dicho que ante ellos está un ataúd, ellos se agarran a sus necedades cotidianas; y hay otros que están siempre felices, siempre de un lado para otro, siempre mendigando o ganándose la vida con trabajos manuales; y otros que mendigan en las ciudades y hacen sacrificios para aquellos a quienes está prohibido ofrecerlos.

Hay otros que son malignos y usan malas palabras: son bailarines, luchadores a precio, mendigos, viajeros, actores y otros que se han degradado en el servicio del Rey; hay otros que, por dinero, pretenden eliminar las influencias malignas de los fantasmas, duendes, demonios, serpientes, etcétera, y otros que falsamente llevan las atuendos de color azafrán de los renunciantes y que pretenden persuadir mediante falsos argumentos o meras comparaciones o paralelismos a los creyentes de los Vedas.[72] Con ninguno de ellos se debería vivir. Pues todos son claramente ladrones y no merecen el cielo. Y así ha sido dicho:

"El mundo inestable por la negación del Ser Supremo, confundido por las falsas comparaciones y argumentos, no sabe cuál es la diferencia entre el Veda y la filosofía."

9. Brihaspati, transformándose en Sukra, trajo el falso conocimiento para salvar a Indra y destruir a los Asuras

---

72 Misión en contra de los budistas.

(demonios). Mediante este nos demuestran que el bien es el mal, y viceversa. Nos dicen que debemos ponderar la nueva ley, la cual deniega a los Vedas y demás libros sagrados. Así, pues, nadie debe prestar atención a este conocimiento equívoco: está errado y es estéril. Su recompensa dura tan solo mientras dura el placer[73]. Pues bien fue dicho:

1 Contrarios y divergentes son estos dos: uno, lo que se conoce como falso conocimiento y el otro, el verdadero Conocimiento.

Yo, Yama, creo que Nakiketas posee un verdadero deseo de sabiduría pues ha permanecido inamovible ante placeres sin fin.

2. Aquel que conoce a la vez ambos: el conocimiento imperfecto (sacrificios, etcétera) y el perfecto (el del Ser) cruza la muerte a través del primero y logra la inmortalidad por medio del segundo.

3. Aquellos que, envueltos en la maraña del conocimiento imperfecto, pretendiendo ser sabios eruditos, vagan confundidos, tropezando como ciegos guiados por ciegos.

10. Los dioses y los demonios, deseosos de conocer al Ser, acudieron ante la presencia de Brahma (su padre, Pragapati)· inclinándose ante él, dijeron: "¡Oh, ser bendito, queremos conocer al Ser, muéstranoslo, por favor!". Aquel, tras reflexionar largo tiempo, pensó para sí: "Estos demonios no se han entregado aún, no han entregado las pasiones de su cuerpo y pretenden conseguir el conocimiento del Ser Supremo"; así pues, les enseñó un Ser completamente distinto al que enseñó a los dioses. En dicho Ser estos demonios engañados sientan su base y aferrándose a él predican la falsedad, destruyendo el verdadero significado de la salvación. Lo que es irreal, lo ven real, como en la magia de los juglares. Así pues, que ningún brahmín sea engañado por ellos o este será su mismo fin.

---

73 Nueva alusión en contra de los seguidores de Buda, aunque no necesariamente, pues hubo "herejes", como Brihaspati, antes de Budha.

11. Esta es ciertamente la naturaleza del verdadero Ser, de la luz suprema del éter en el interior del corazón. Esta es la naturaleza de la sílaba Om. A través de ella (Om) la luz surge, se eleva, respira y se vuelve para siempre el objeto de adoración y sabiduría de Brahma.

Esa luz en la forma de Om cuando hay respiración toma la forma del calor interno. Es como la acción del humo; pues cuando hay un soplo de aire, el humo primero se alza hacia el cielo como una columna y luego se pierde tomando la forma de las múltiples ramas de un árbol. Es como calentar "ghee" (mantequilla purificada) o como echar sal en agua. El Veda (Ser) va y viene como la figura etérea de un maestro de magia. Y aquí señalan: "¿Por qué es comparado a un relámpago?" Porque tan pronto como sale ilumina el cuerpo entero. Así pues, el hombre debe adorar esa luz infinita mediante la palabra Om.

1. El hombre en el ojo que habita en el ojo derecho es Indra, y su esposa mora en el izquierdo.

2. La unión de estos dos tiene lugar en la cavidad del corazón, y la bola de sangre que allá hay es verdaderamente el vigor y la vida de ellos dos.

3. Existe un canal que va desde el corazón hasta el tercer ojo; esta es la arteria para ambos ojos, los cuales, siendo uno solo están divididos en dos.

4. La mente excita el fuego del cuerpo; ese fuego aviva el aliento, y el aliento, moviéndose en el pecho, produce un sonido muy quedo.

5. Ese sonido en la garganta pasa de primer mínimo a doble mínimo; en la punta de la lengua alcanza el triple mínimo, y cuando se pronuncia en la boca, lo llaman alfabeto.

6. Aquel que sabe esto no ve la muerte ni la enfermedad ni la miseria, pues viendo todo de modo objetivo, no es afectado subjetivamente por nada y se vuelve todo en todas partes (se vuelve Brahma).

7. Hay la persona en el ojo, hay la que camina en el sueño, la que está duerme profundamente y la que está

por encima del durmiente: estas son las cuatro condiciones del Ser, y la cuarta es la más grande de todas.

8. Brahma con un pie se mueve en los tres y Brahma con los tres pies está al final.

Índice